s.l.

1797

Necker, Jacques

De la Révolution françoise

Tome 1 - 2

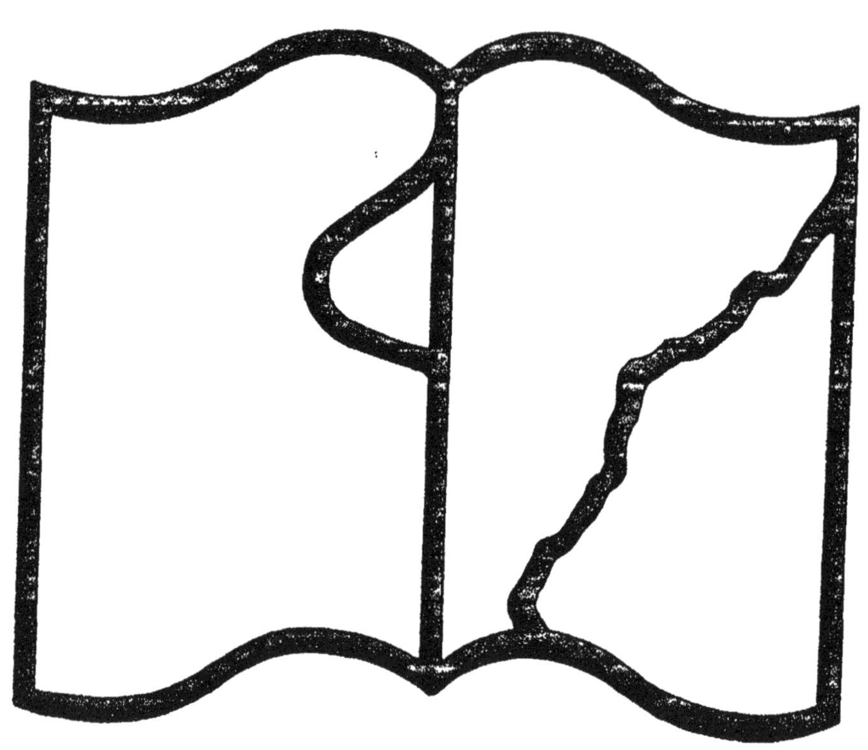

Symbole applicable
pour tout, ou partie
des documents microfilmés

Texte détérioré — reliure défectueuse

NF Z 43-120-11

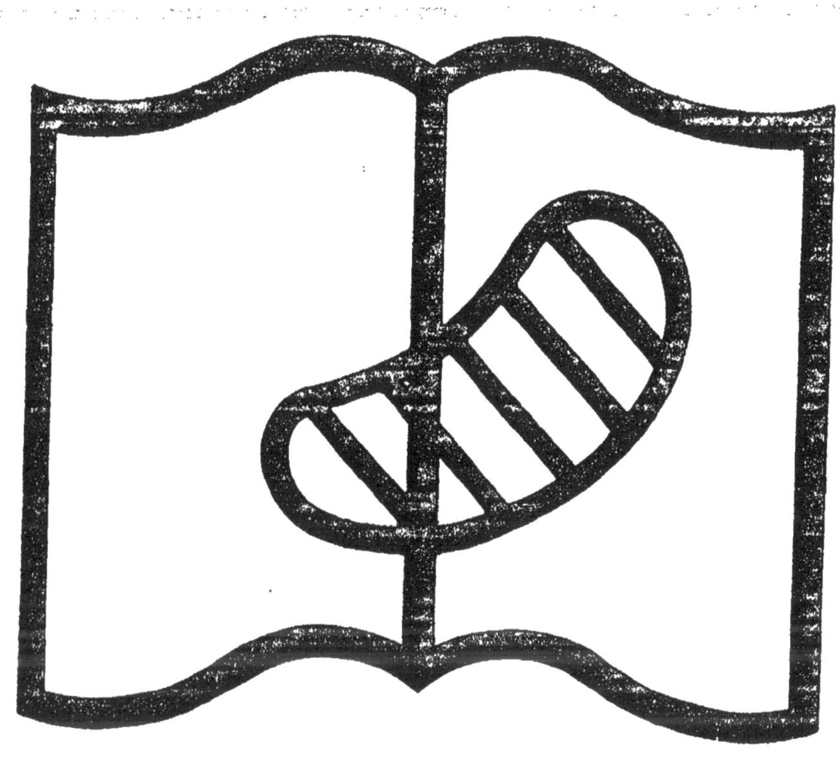

Symbole applicable
pour tout, ou partie
des documents microfilmés

Original illisible

DE LA

RÉVOLUTION FRANÇOISE,

PAR M. NECKER.

TOME PREMIER.

M. DCC. XCVII.

AVIS DE L'AUTEUR.

On verra que cet Ouvrage avoit été terminé à la fin de 1795. Une indécision de ma part et des difficultés de librairie ont retardé sa publicité.

TABLE GÉNÉRALE.

TOME PREMIER.

SECT. I. *Avant-coureurs et préparatifs des Etats-Généraux.*

Ministère de M. l'Archevêque de Toulouse.
Second Ministère de M. Necker.
Assemblée des Notables.
Résultat du Conseil du 27 Décembre 1788.
Doublement du Tiers.
Choix de Versailles pour la tenue des Etats.

SECT. II. *Assemblée des Etats. Réflexions générales.*

SECT. III. *Etats-Généraux jusques à la Séance Royale du 23 Juin 1789.*

SECT. IV. *Séance Royale du 23 Juin 1789.*

SECT. V. *Réunion des Ordres.*

TOME SECOND.

SECT. I. *Révolution du 14 Juillet 1789.*

SECT. II. *Assemblée Nationale, désignée sous le nom de Constituante.*

SECT. III. *Dernières Réflexions qui me sont personnelles.*

SECT. IV. *Commencement de l'Assemblée Législative. Mouvemens populaires, et première irruption dans le Palais du Roi le 20 Juin 1792.*

SECT. V. *Journée du 10 Août 1792. Captivité du Roi. Fin de l'Assemblée Législative.*

SECT. VI. *Convention Nationale. Jugement et mort du Roi.*

SECT. VII. *Convention Nationale. Sa tyrannie et son asservissement.*

TOME TROISIEME.

SECT. I. *Convention Nationale. Son Administration et ses Loix.*

SECT. II. *Chûte de Robespierre, et depuis cette époque jusques au moment de la Constitution nouvelle.*

SECT. III. *Présentation de l'Acte Constitutionnel aux Assemblées Primaires. Mouvement des Sections de Paris du 13 Vendémiaire (5 Octobre 1795). Fin de la partie historique de cet Ouvrage.*

SECT. IV. *Constitution Républicaine de* 1795.

SECT. V. *Réflexions générales sur le même sujet.*

TOME QUATRIEME.

SECT. I. *République Fédérative. Exemple des Américains.*

SECT. II. *Monarchie tempérée. Exemple de l'Angleterre.*

RÉFLEXIONS PHILOSOPHIQUES SUR L'ÉGALITÉ.

De l'Egalité dans ses rapports avec l'ordre public et la Liberté.

Des principes annexés au système de l'Egalité. La Souveraineté du Peuple. Les Droits de l'Homme.

De l'Egalité dans ses rapports avec le Bonheur et avec la Morale.

DE LA

DE
LA RÉVOLUTION FRANÇOISE.

SECTION PREMIÈRE.

Avant-coureurs & préparatifs des États-Généraux.

L'ÉPOQUE d'une grande Révolution politique n'est jamais le tems qu'il faut choisir pour en écrire l'histoire. Ces mémorables récits, auxquels l'opinion des siècles doit rester attachée, ne peuvent obtenir la confiance, ne peuvent présenter un caractère d'impartialité, s'ils sont entrepris au milieu des haines et durant le tumulte des passions. Et cependant, s'il existoit un homme assez étranger à l'esprit de parti ou assez maître de lui-même, pour décrire avec calme les orages dont il auroit été le témoin, on seroit mécontent de sa tranquillité, et l'on craindroit que son ame n'eût pas su garder l'empreinte de tous les sentimens auxquels on voudroit s'associer.

Il faut donc se borner, dans le tems où nous sommes, à recueillir, à préparer les matériaux dont les Tites-Lives et les Tacites des âges suivans pourront un jour faire usage. Nous avons mieux connu l'esprit de la Ligue que les contemporains des Guises et des Valois, et nous avons mieux jugé le grand Henri que ses ennemis ou ses courtisans : il en sera de même de la Révolution présente, nos successeurs en découvriront plus sûrement que nous et l'origine et les premières causes, et c'est à eux seuls aussi qu'il appartiendra d'assigner une place fixe aux hommes qui auront paru dans la carrière des affaires publiques, ou au milieu de l'arène ouverte à la rivalité des différentes ambitions. Hélas ! je le dis à l'avance, malheur au plus grand nombre des noms dont l'Histoire perpétuera le souvenir; car il en est peu, ce me semble, destinés à servir de signal à l'admiration ou à la reconnoissance.

C'EST la progression morale de la Révolution Françoise que je veux principalement décrire, et cependant je n'imiterai point ces Écrivains philosophes, qui pour expliquer les causes des événemens modernes, se transportent aux âges les plus reculés. C'est, en apparence, une manière de placer son génie à une grande hauteur; et pourtant il est vrai que plus on établit de distance entre les objets de sa méditation, plus il est aisé de les unir par des liens arbitraires; et il résulte si peu d'utilité de ces rapprochemens fantastiques que nous suivrons une autre méthode. Nous ne fuirons point les idées premières, nous ne rejetterons point les principes généraux; mais nous nous y laisserons ramener sans effort, et de proche en proche, par les faits et par les réalités.

JE ne sais à quelle époque de l'Histoire de France on n'auroit pas su présenter une grande insurrection nationale, comme une conséquence inévitable des événemens antérieurs. On eût dit, après le Gouvernement Féodal, que le peuple, justement irrité de sa longue servitude, avoit dû reprendre toute son énergie, et donner des loix à son tour. On eût dit, qu'après les Croisades, lassé des sacrifices dont les prédications monastiques avoient imposé l'obligation, il avoit dû secouer le joug de l'Eglise et briser jusques au frein des opinions religieuses. On eût dit, qu'après les funestes suites de la démence de Charles VI, après l'appel des Anglois au sein du Royaume, ce même Peuple avoit dû sentir l'immensité des hasards auxquels il étoit exposé par la transmission héréditaire du Trône et de la Couronne. On eût dit, qu'après les guerres civiles dont la France avoit été le théâtre sous le règne des derniers Valois, la Nation n'avoit pu s'abstenir de reconnoître tous les dangers attachés à la Royauté, à ce rang unique et suprême qui maintiendroit éternellement les rivalités et les combats des hommes ambitieux de parvenir au commandement. Enfin, après l'épuisement absolu d'hommes et d'argent où se trouvoit le Royaume à la mort de Louis XIV, on eût dit pareillement d'une Révolution Nationale, qu'elle devoit arriver nécessairement à la suite des orgueilleux projets d'un Monarque entièrement occupé de lui-même, et qui avoit sacrifié la fortune et le bonheur du Peuple au désir d'élever encore un des siens au rang des Rois. Oui, l'on peut, après tous les événemens et avec un esprit médiocre, trouver une cause du présent dans le passé.

Mais nous devons réduire à sa juste valeur cette assimilation au génie prophétique dont tant de gens se décorent, en se plaçant au-delà de notre âge et en remontant, s'il le faut, à plusieurs siècles, pour nous donner le premier mot de tout ce que nous voyons.

J'AI occupé une grande place dans le Gouvernement et auprès du Roi, à peu d'années de distance des États-Généraux :

j'étois, par conséquent, dans une situation où l'on peut découvrir les avant-coureurs d'une Révolution, quand il en existe de réels ou de prononcés. Voici tout ce que j'ai vu. D'abord la grande force de l'opinion publique. Elle m'avoit singulièrement frappé, et ce n'est point après ses triomphes que je le dis; car je me suis étendu sur ce sujet dans mon Ouvrage sur l'Administration des Finances, composé immédiatement après ma sortie du Ministère en 1781.

Louis XIV, pendant longtems, n'avoit connu de l'opinion publique que ses faveurs, et il ne craignoit point de la mettre en crédit. Elle ajoutoit à la gloire du Monarque une plus grande solemnité; et comme elle s'occupoit entiérement de lui, il crut, sur la foi de sa grandeur personnelle, que les Rois pourroient, dans tous les tems, en demeurer les maîtres et les régulateurs. Il se trompa. Le mouvement des esprits, l'émulation des talens, le désir passionné de la louange, toute cette agitation nouvelle, dont Louis paroissoit l'astre vivifiant, acquit insensiblement une force qui lui devint propre; et lorsque ce grand Monarque s'éteignit, les idées et les sentimens qu'il avoit animés, qu'il avoit fait naître, devenus plus indépendans, se développèrent sous diverses formes. On s'étoit accoutumé à être senti, à être remarqué, et l'on chercha dans la société les encouragemens et les récompenses que l'on ne trouvoit plus à la Cour. Ce fut donc à la ville que l'opinion publique vint établir son empire; et bientôt elle y dispensa des prix et des couronnes, que l'on mit en parallèle avec les honneurs dont les Rois avoient la distribution. Le Régent, Louis XV et son petit-fils, chacun à la manière de leur esprit et de leur caractère, furent souvent embarrassés de cette autorité toujours croissante, et ce ne fut pas sans répugnance qu'ils se virent, eux et leurs Ministres, dans une sorte de nécessité de transiger avec elle. On l'eût volontiers laissée la maîtresse de décider en souveraine du goût et de l'esprit, de l'éloquence et des talens agréables; mais depuis longtems l'opinion publique avoit franchi cette ligne; et quand l'état des affaires attira les regards, elle ne craignit point de se prononcer avec hardiesse, et contre le Gouvernement et contre ses mesures. Les livres sérieux se multiplièrent, et les Auteurs, avertis par l'esprit du tems, se livrèrent à des discussions sur les droits du Peuple ou sur les devoirs de l'Administration. Et tandis que, sous Louis XIV, l'illustre Fénélon avoit expié dans l'exil quelques leçons allégoriques, toujours adoucies par la dextérité du courtisan et par le charme d'une langue harmonieuse et poétique, on vit de nos jours une foule d'Ecrivains approfondir, sans danger et souvent dans un style barbare, les plus importantes questions de l'économie politique, et censurer encore, avec sécurité, les fautes des Ministres et les erreurs ou l'insouciance de l'Autorité Suprême. Ils furent lus cependant, et ils eurent dans tous les rangs, des adeptes et des sectateurs.

On vit de plus, & c'étoit une bizarrerie singulière, on vit les mêmes personnes, qui profitoient à la Cour des faveurs du Prince, revenir dans la société prendre leur part des louanges qu'on accordoit aux sentimens d'indépendance et au courage de la liberté. On célébroit les Américains, on raisonnoit sur la constitution d'Angleterre; et comme le Trésor-Royal à la fin dépouillé n'attiroit plus à lui le même nombre de poursuivans, on croyoit qu'il étoit tems de jouer un rôle dans la politique, et pour s'y préparer, chacun parloit du Peuple et de son infortune.

Beau langage, sans doute, mais difficile à concilier avec un luxe sans bornes et avec toutes les vanités qui lui servoient d'accompagnement. Ah! combien les mœurs étoient encore en contraste avec les principes dont on commençoit à faire parade, avec les droits politiques que l'on cherchoit à rétablir. Tous les liens étoient relâchés, toutes les Autorités étoient importunes, et le joug même de la décence paroissoit affoibli. Les jeunes gens étoient devenus dominans; et jetés dans le monde avant d'avoir eu le temps d'éclairer leur jugement, ils croyoient pouvoir se ranger parmi les penseurs sans autre contingent qu'un petit nombre d'idées générales, de ces idées qui mènent à tout et qui ne suffisent à rien.

Cependant il étoit manifeste que chacun aspiroit à se composer une réputation d'esprit ou de caractère. On vouloit faire quelque chose de soi, on le vouloit par vanité, on le vouloit par inquiétude, on le vouloit par ennui, et l'on envioit aux derniers courtisans de Louis XV l'honneur de s'être marqués dans l'opposition.

La jeunesse des Parlemens s'unissant à l'esprit du tems, eut aussi le désir de paroître et de faire effet; et se lassant tout-à-coup de vivre obscurément au milieu des procès et des querelles particulières, elle chercha le bruit et la renommée; et pour sortir avec éclat de son enceinte, elle donna le signal d'un grand sacrifice personnel, en dénigrant elle-même, en attaquant la première, les prétentions politiques et les plus anciennes prérogatives des Cours souveraines.

On marchoit ainsi de plusieurs points différens vers un but encore vague et mal défini ; mais tous les mouvemens se rapportoient à un mécontentement de la situation présente, à un goût général d'innovation. Néanmoins aussi longtems que le Peuple, resserré dans le cercle étroit de ses pensées habituelles, n'en franchissoit point les bornes, il étoit facile au Gouvernement de dominer la classe inquiète et raisonneuse de la société, et de l'arrêter au passage des idées spéculatives à l'action et à la volonté. Mais l'immensité des impôts, leur inégale répartition, le désordre absolu des Finances, et ces signaux de détresse que l'on déployoit continuellement aux regards d'une Nation impatiente d'être soulagée du poids de ses taxes, toutes ces circonstances, et les justes alarmes des créanciers de l'Etat, multiplièrent les mécontens, et donnèrent une foule d'amis aux promoteurs d'un changement dans l'ordre du Gouvernement. Ce fut autour de cinq cent millions d'impôts que l'alliance se forma, et sans y penser, sans le prévoir, les Courtisans avides et les Ministres déprédateurs devinrent les Négociateurs de ce Traité.

Ce fut la coincidence du premier retour des lumières avec les abus excessifs de la Cour de Rome qui décida la réforme au tems de Léon X ; c'est de même une agitation singulière dans les esprits qui, réunie au bouleversement des Finances, a consacré l'époque de la Révolution Françoise.

Enfin, il est une subversion générale qui doit être essentiellement attribuée à un petit nombre d'hommes connus de toute l'Europe, et dont le génie hardi, l'éloquence entraînante, ébranlèrent les plus anciennes opinions, et frayèrent ainsi les voies à tous les écarts de l'imagination et à tous les abus de la liberté. C'est à leur voix éclatante et sous leur bannière qu'on a vu l'esprit philosophique étendre chaque jour ses conquêtes, et favoriser toutes les insurrections contre les idées reçues et contre les vérités communes. Cet esprit, né de nos jours, s'appliquoit à ruiner les fondemens de tous les devoirs en se jouant des opinions religieuses; et s'exerçant ensuite sur les principes politiques, il brisa de prime abord toutes les barrières, et il s'efforça de substituer l'exagération de la liberté à la sagesse des freins, et les confusions de l'égalité aux prudentes gradations dont l'ordre social se compose. Ainsi l'on préparoit un relâchement universel, en essayant de persuader aux hommes qu'il n'existoit rien de respectable, ni dans le Ciel ni sur la Terre.

J'AI vu, pour résister à l'influence des nouveaux systêmes ou pour en éloigner le danger, j'ai vu, pour lutter s'il le falloit contre l'autorité de l'opinion publique ou pour traiter avec elle, un Roi parfait comme honnête homme et comme ami du bien, parfait encore dans ses mœurs et dans ses vertus privées; un Prince d'un sens droit, et qui dès sa jeunesse avoit eu dans l'esprit le calme et la modération de l'âge mûr. En même tems, néanmoins, un Roi dont la volonté avoit besoin d'appui; et qui montroit rarement dans les affaires une fermeté d'opinion ou une insistance dérivant de lui-même : caractère le moins propre à être opposé à de grandes circonstances; car rien n'encourage autant aux agressions contre le Gouvernement, que la certitude de n'avoir point en présence de soi, d'une manière durable, la personne et les sentimens du Prince, puisque lui seul est l'Être invariable dans le cercle des Autorités. J'ai vu d'ailleurs un Roi plus en péril qu'un autre s'il venoit à se livrer à de mauvais conseils; plus en danger de s'y embarrasser, puisque, naturellement réservé et se défiant plus des hommes que des difficultés des choses, il ne seroit pas appelé à s'ouvrir et à consulter, et se trouveroit ainsi sous la domination des personnes qui aspireroient et qui parviendroient à le guider en secret.

Je rappelle de plus en ce moment une observation judicieuse du pénétrant Machiavel. Il croit que, pour l'avantage d'un État et pour le maintien de son gouvernement, on doit désirer dans les Monarchies une sorte de succession alternative de Princes, les uns d'un esprit modéré, les autres d'un caractère entreprenant. Qu'ainsi Numa venoit bien après Romulus, Bajazet après Mahomet, et Salomon après David; mais qu'il falloit Tullus après Numa, Soliman après Bajazet, et un autre que Roboam après Salomon. Ne pourroit-on pas dire aussi qu'un Prince ferme et peut-être sévère eût été nécessaire, eût été bien placé entre Louis XV et Louis XVI, comme il auroit fallu sans doute, entre les deux premiers Stuarts, une seconde Élisabeth?

Les divers apperçus que je viens de présenter sur les signes avant-coureurs d'une Révolution, à l'époque où je me suis placé, sembloient encore alors foiblement expressifs, et peut-être que l'Histoire ne les auroit pas recueilli, si les événemens subséquens ne leur avoient pas donné de la consistance. Tout étoit réparable au milieu des François, près de leur caractère, et à la faveur des sentimens ou des liens d'habitude qui les unissoient à la Monarchie. Le retour à une Administration sage eût remis, au moins pour un tems, le calme dans les esprits. On étoit, il est vrai, devenu difficile, non-seulement parce qu'on avoit acquis de nouvelles lumières, mais aussi parce qu'on n'étoit pas disposé à déchoir des espérances que l'événement d'un nouveau règne avoit données. On étoit sorti du précédent avec un sentiment de fatigue et d'irritation; et comme l'indifférence de Louis XV avoit succédé aux folies de la Régence et aux dissipations de Louis XIV, on croyoit qu'il étoit tems de voir enfin la fortune publique en sûreté, et l'on désiroit impatiemment que les propriétés particulières obtinssent une sauve-garde, qu'elles en obtinssent une, contre cette suite d'exactions toujours nouvelles, et dont la nécessité étoit imputée à l'inconduite ou à l'impéritie du Gouvernement.

J'AVOIS laissé les finances dans un équilibre parfait, en 1781, mais les impôts étoient considérables. Le Roi avoit prévenu leur accroissement, en ménageant par des économies un intérêt aux emprunts devenus indispensables pour subvenir aux dépenses extraordinaires de la guerre. Tous les efforts du Ministre des Finances n'avoient pu s'étendre plus loin. Le Monarque se trompa, ce me semble, lorsqu'il crut, sur la parole de M. de Maurepas, que tout étoit au plus simple dans cette Administration, et qu'un autre feroit aussi bien. La Nation se montra d'une opinion différente ; mais elle m'auroit oublié peut-être, comme elle a fait de tant d'autres, si la prudence ou la fortune du Gouvernement m'eussent donné pour successeurs des hommes en état d'être opposés, avec succès, à des circonstances pénibles. La guerre n'étoit pas encore terminée, mais le prochain retour de la paix eût ouvert à l'espérance une nouvelle carrière, si le Roi n'avoit pas confié les austères fonctions de l'Administration des Finances à un homme plus digne d'être le héros des courtisans que le Ministre d'un Roi. La réputation de M. de Calonne étoit en contraste avec la moralité de Louis XVI; et je ne sais par quels raisonnemens ou par quel ascendant on engagea ce Prince à donner une place dans son Conseil à un Magistrat avoué, reconnu pour aimable dans les sociétés de Paris les plus élégantes, mais dont toute la France redoutoit les principes et la légéreté. Combien de repentirs ont dû suivre cette détermination ! on prodigua l'argent, on multiplia les largesses, on ne se défendit d'aucune facilité, d'aucune complaisance, on fit même de l'économie un objet de dérision, et pour donner un air de système à cette conduite inconsidérée, on osa professer, pour la première fois, que l'immensité des dépenses, en animant la circulation, étoit le véritable principe du crédit, et l'on fut applaudi de tous ceux qui se trouvoient propres à seconder le Ministre dans cette manière de servir l'Etat.

La Nation cependant considéroit avec ressentiment une pareille subversion de toutes les idées d'ordre et de moralité, et les créanciers de l'Etat, en particulier, s'effrayoient du précipice que l'on creusoit chaque jour autour de leur fortune et de leurs propriétés. Ce fut alors que le Ministre, pressé par l'embarras des affaires et dans l'espoir de déplacer, de transporter ailleurs une responsabilité qui l'alarmoit, engagea le Monarque à convoquer une Assemblée de Notables. Il se flatta d'appaiser les mécontentemens, ou de distraire du moins les esprits, en proposant à cette Assemblée un grand nombre d'opérations générales, et dont plusieurs eussent captivé l'intérêt public, si le Ministre n'eût pas attiré sur ses idées la défiance qu'on avoit conçue pour ses principes.

Les Notables se comportèrent avec dignité, et M. de Calonne, qui avoit dirigé les nominations du Roi sur les hommes les plus distingués dans la Nation, mérita d'en être loué, et il obtint cette justice. Cependant on se perdit en recherches et en incertitudes, et l'on ne put atteindre à aucun but. Il étoit difficile aux Notables de concilier leur devoir et leur réputation avec les idées du Gouvernement; car ils ne pouvoient pas honorablement consacrer un nouveau système d'impôt pour en livrer les produits à une Administration dévorante et notoirement dépouillée de la confiance publique. Ils commençoient d'ailleurs à sentir, et la Nation avec eux, que les contributions des peuples et les dépenses publiques devoient être fixées parallèlement, et contenues des mêmes liens.

Ce fut ainsi que les délibérations errantes des Notables firent sentir davantage l'utilité, le besoin même d'une Assemblée Nationale, non pas seulement consultative, mais investie des pouvoirs nécessaires pour opposer une résistance efficace aux dépenses inconsidérées et à la ruine des Finances. Ces réflexions si raisonnables dans leurs motifs, reportèrent vaguement la pensée vers des Etats-Généraux; mais le Gouvernement, malgré ses fautes, n'étoit pas encore préparé à faire le sacrifice d'aucune des autorités dont il avoit l'habitude. Le Roi, pour éloigner ce moment, prit un parti fort sage; il disgracia le Ministre qu'il n'auroit jamais dû appeler auprès de sa personne, et il satisfit ainsi le vœu des Notables et la clameur publique.

L'on vit alors l'espérance renaître, et les mécontentemens s'appaisèrent. La Nation Françoise n'avoit jamais été sévère qu'envers les Ministres : elle jugeoit rigoureusement les hommes qui avoient été les maîtres de refuser une fonction publique dont les devoirs surpassoient leurs forces ou leur science, mais elle se montra toujours indulgente et généreuse envers les Princes que le hasard de la naissance avoit appelés sur le Trône. Distinction juste, distinction raisonnable, et due, si l'on veut, à un jugement d'instinct de la part du peuple, mais qui méritoit également d'appartenir aux esprits réfléchis, aux penseurs et aux philosophes.

Le Département des finances fut confié à un Magistrat (1) d'une grande pureté de mœurs, mais dont les talens et les forces physiques ne pouvoient répondre à la gravité des circonstances. On s'en apperçut promptement, et avant une révolution de trois semaines on s'occupa de lui chercher un successeur. Il est des momens où toutes les erreurs sont comptées, et l'on trouva qu'un choix éclatant, dont le Prince étoit obligé de revenir en si peu de temps, offroit une preuve de plus des inconvéniens ou des

(1) M. de Fourqueux.

hasards attachés à la Toute-puissance Ministérielle.

Ministère de M. l'Archevêque de Toulouse.

Le Roi, pour remplacer M. de Fourqueux, nomma M. de Brienne, alors Archevêque de Toulouse, ensuite Archevêque de Sens. Son choix fut un moment fixé sur moi, et s'il y avoit persisté, rien de ce que nous avons vu ne seroit arrivé. Mais on ne peut faire aucun reproche au Monarque de sa dernière détermination ; car M. de Brienne jouissoit de la plus grande réputation : il avoit des talens, de l'esprit, une longue habitude des affaires, et il s'étoit montré avec distinction aux États du Languedoc, aux Assemblées du Clergé de France, et dans plusieurs Commissions importantes.

Annoncé par la voix publique, soutenu, célébré par un grand nombre d'amis, M. de Brienne entra dans le Ministère sous les auspices les plus favorables, et tout ce qu'il auroit pu faire, et qu'il n'a pas fait, est incommensurable dans ses conséquences. Il étoit tems encore, à cette époque, de former un nouveau pacte avec l'opinion; et, je n'en doute point, une Administration parfaitement sage auroit distrait la Nation des sentimens inquiets qui l'occupoient déjà d'Etats-Généraux, et qui lui faisoient désirer de trouver une sauve-garde dans une meilleure Constitution politique.

On le sait, le nouveau Ministre ne répondit point à l'atténte commune, et par une fatalité singulière, non-seulement il ne remit point l'ordre dans les Finances, il ne rétablit point la confiance, mais il accrut encore avec violence le mécontentement général, en faisant de l'autorité Royale un usage inconsidéré. M. de Brienne, attiré vers la liberté par système, étoit impérieux par caractère, et le combat de ses idées spéculatives avec son génie naturel rendit son administration vacillante, et devint l'origine ou l'occasion de ses principales fautes.

L'ASSEMBLÉE des Notables n'étoit pas encore séparée lorsque M. l'Archevêque de Toulouse fut appelé près du Roi, et la marche qu'il avoit à tenir paroissoit indiquée d'une manière évidente. Il devoit, par une grande franchise et par une entière ouverture, associer cette Assemblée à ses vues et à ses projets, et les concerter avec elle. Tout l'eut favorisé, son rang, sa réputation, l'espoir qui précède les hommes encore nouveaux dans la carrière du Gouvernement, et le désir qu'avoient les Notables d'attacher leur existence à un résultat mémorable.

Mais M. de Brienne pour asseoir son crédit désiroit de plaire à la Cour, et il la voyoit déjà fatiguée de la conduite des Notables et de la considération qu'ils s'étoient acquis par leur résistance à M. de Calonne. M. de Brienne encore avoit plusieurs idées systématiques dont il étoit impatient de faire l'épreuve, et il n'étoit pas sûr d'inspirer aux Notables la même curiosité. Il croyoit même que ces idées lui vaudroient beaucoup de réputation, et il ne se soucioit point de mettre sa gloire en partage. Enfin, il avoit l'esprit tranchant; il vouloit avancer, et la circonspection d'une assemblée lui paroissoit une sorte d'indocilité qui ne pouvoit lui convenir. Tous ces motifs le déterminèrent à dissoudre avec précipitation l'Assemblée des Notables, et cet empressement à vouloir être seul contre tant d'obstacles donna des doutes sur sa prudence : il eût fallu du moins laisser le tems aux Notables de constater régulièrement la situation des Finances, et c'étoit trop, sans contredit, de ne vouloir d'eux ni pour juges des ressources qu'on proposoit d'employer, ni pour garans éclairés de l'étendue des besoins de l'Etat. Il n'étoit pas sage, et peut-être n'étoit-il pas permis au Gouvernement de ramener tout à son seul témoignage et à ses lumières, au milieu de l'épouvante qu'inspiroit par toute la France le bruit d'un déficit immense entre les revenus et les besoins ordinaires. Aussi le Parlement de Paris fut-il approuvé lorsqu'il demanda la communication des Tableaux de recette et de dépense, avant de concourir librement à l'accroissement des charges publiques.

Les anciens usages autorisoient le Ministre à refuser cette communication; mais après avoir dédaigné l'alliance et la sanction des Notables, après avoir commis cette faute essentielle, il valoit mieux céder aux instances du parlement, que d'engager une querelle avec les Cours Souveraines, dans un moment où le Gouvernement avoit perdu l'appui de l'opinion publique.

Le Parlement connut ses forces, et refusa l'enregistrement de deux Edits bursaux, l'un destiné à l'établisssment d'un droit sur le timbre, l'autre à une conversion des vingtièmes dans une subvention de quatre-vingt millions.

Le Roi tint un Lit de justice où, de son exprès commandement, on enregistra ces mêmes Edits. Le Parlement fit des protestations; elles furent cassées par un arrêt du Conseil. Le Parlement persista dans son opposition : on l'exila; et après quelques semaines de séjour à Troyes, son rappel fut ordonné, et l'on retira les Edits.

Ainsi plus de droit de timbre, plus de subvention. Il restoit pour ressources fiscales d'élever les vingtièmes à leur juste valeur. Le Ministre croyoit en avoir obtenu la liberté des Chefs de la Magistrature dans le tems de leur triste séjour à Troyes. Il dit, dans ses confidences, que c'étoit le prix de l'indulgence du Roi; il invoqua même le témoignage de quelques Négociateurs obscurs : le Parlement rassemblé ne voulut entendre à rien de semblable. L'accueil éclatant que lui avoit fait le peuple, le vol de l'opinion publique qu'il avoit en ce moment, tout lui étoit une sûre caution que le Gouvernement ne se permettroit pas de l'exiler de nouveau. Il n'écouta donc ni les discours, ni les représentations particulières de M. de Brienne, et les vingtièmes durent rester dans leur ancien état, fixes pour chaque propriété, et par conséquent affranchis de toute espèce de vérification.

Le Ministre, traversé dans ses projets, et forcé de renoncer aux ressources que l'établissement d'un nouvel impôt ou l'accroissement des anciens pouvoient lui procurer, dirigea ses vues vers les emprunts; mais il en falloit beaucoup, et l'on devoit craindre une succession de combats et de résistances de la part du Parlement. M. de Brienne eut recours alors à la séance Royale du 19 novembre 1787, où le Monarque porta lui-même l'Edit d'autorisation nécessaire pour emprunter quatre cent vingt millions pendant cinq ans. Les Magistrats, les Princes et les Pairs furent invités à donner leur avis en présence du Roi, et la majorité des suffrages ayant paru favorable à la nouvelle loi, son enregistrement fut ordonné. Les Ministres alors, fiers de leur succès, obtinrent du Monarque l'exil ou l'emprisonnement de plusieurs Membres du Parlement dont les harangues et les censures avoient paru trop ardentes. M. le Duc d'Orléans lui-même fut rélégué à Villers-Coterets, et l'on arrêta, l'on saisit, jusques dans le sanctuaire de la justice et sur les bancs de la Magistrature, les Conseillers qui s'y s'étoient réfugiés, pour se soustraire aux Lettres-de-cachet décernées contre eux, et le plus grand appareil militaire fut déployé dans cette occasion.

Sans doute, en d'autre tems, on avoit exercé contre les Cours Souveraines des rigueurs à-peu-près semblables ; mais les circonstances étoient changées, et l'autorité de ces Cours, l'autorité du Gouvernement, l'autorité de l'opinion publique, ces diverses autorités n'étoient plus dans les mêmes proportions. Tout fléchissoit sous la gloire et sous l'empire de Louis XIV, quand il défendit aux Parlemens de lui faire des remontrances avant l'enregistrement de ses Edits, et la Nation conservoit un souvenir d'indignation et de mépris de la guerre de la fronde. C'étoit d'ailleurs, on le savoit, c'étoit de la volonté même du Monarque et de l'intérieur de ses sentimens qu'émanoient les ordres destinés à maintenir les divers genres de subordination; et l'on n'espéroit pas de faire changer ses opinions en détruisant le crédit de ses Ministres. Tout étoit différent sous le règne de Louis XVI: aucun ascendant personnel ne prêtoit encore de la force au Monarque, et il s'en falloit bien que l'ancien style des Edits, ce *voulons & nous plaît*, toujours conservé par usage, fût reçu, fût admis dans la plénitude et la rigueur des mots.

LES avertissemens qu'avoit reçu M. de Brienne sur la puissance de l'opinion publique, et la déférence que lui-même avoit eue pour elle en renonçant avec tant de promptitude à ses plans d'imposition, ne le détournèrent pas de sa marche hasardeuse; et blessé personnellement des sentimens que lui montroient les Cours Souveraines, il conçut le projet de les attaquer dans leurs principes de vie, au risque et au risque évident d'associer de plus en plus la Nation à leur cause. Elle eût approuvé peut-être la réduction de leur ressort judiciaire et l'accroissement de la compétence des Bailliages. Ce fut la première disposition

sition adoptée par le Conseil du Roi ; mais on voulut aller plus loin, et, pour s'affranchir de toute espèce de contrainte, on se proposa de réunir en un seul Corps, présidé par le Monarque ou par son Chancelier, le droit de vérifier et d'enregistrer les loix de police générale, les loix de finance et d'imposition. C'étoit dépouiller, en un moment, tous les Parlemens du Royaume des illustres prérogatives dont ils avoient joui depuis plusieurs siècles. Quelle entreprise au milieu de la foiblesse du gouvernement ! et pouvoit-elle réussir ?

Ce fut sous le nom de *Cour Plénière* que le nouveau Corps politique fut institué, et la Grand'Chambre du Parlement de Paris avec deux Députés de chacun des autres Parlemens y étoient réunis, aux Ducs et Pairs, aux Grands Officiers de la Couronne et à un certain nombre de Maréchaux de France, de Lieutenans-Généraux, de Chevaliers des Ordres et d'autres hommes qualifiés, tous nommés par le Roi. Le public à cet aspect crut voir les droits de Législation partagés aux Courtisans, et un cri général de réprobation se fit entendre d'une extrémité du Royaume à l'autre.

Le Gouvernement, donnant aux remontrances des Parlemens un texte si fécond, eut l'habileté de s'en garantir en suspendant les fonctions de la Magistrature, sous la forme nouvelle d'une continuité de vacances; mais les différens Ordres de l'Etat n'eurent besoin d'aucun signal, pour se réunir contre une innovation qui applanissoit toutes les voies au despotisme Ministériel. Plusieurs associations se formèrent, et l'on remarqua sur-tout l'Assemblée de l'Ordre de la Noblesse en Bretagne, l'Assemblée des trois États en Béarn, et la grande Union Provinciale du Dauphiné. Le Gouvernement essaya de contenir ces mouvemens par des coups d'autorité : il fit enfermer à la Bastille douze Députés de la Noblesse de Bretagne; il multiplia partout les Lettres-de-cachet, et toutes ces rigueurs ne servirent qu'à rendre la fermentation des esprits plus ardente et plus générale.

Le Ministre alors employa les raisonnemens, eut recours aux explications, et en commençant à changer lui-même, il supposa des mal-entendus de la part des autres, et s'en fit à l'avance un moyen de retraite. Il répondit aux représentations du Clergé, que la Nation avoit tort de s'alarmer, qu'il n'étoit pas dans l'intention du Roi d'employer la médiation de la Cour Plénière pour établir aucun impôt de durée, aucun impôt dont la sanction avoit appartenu de tout tems à d'autres Autorités. Et pourtant il représentoit cette Cour comme un renouvellement de l'ordre des choses, tel qu'il existoit il y a plusieurs siècles ; il rappeloit la date de la création des Parlemens ; il rappeloit l'ancienne circonscription de leurs prérogatives ; enfin il remontoit jusques au commencement de la Monarchie pour indiquer le type de sa nouvelle institution. Mais de quoi servoient ces recherches aux hommes de la génération présente ? Tous les Rois de la première et de la seconde race auroient paru pour témoigner de la ressemblance de l'idée de M. de Brienne avec leurs anciens *Plaids*, avec ces Conseils où s'étoient formés tous leurs Capitulaires et tous leurs Capitules, que l'opinion de la France moderne n'eût pas été changée. La différence des tems équivaudra toujours, et par de bonnes raisons, à la différence des pays.

Le Ministre apperçut enfin l'inutilité de ses efforts ; il vit que la foible autorité du Gouvernement ne pourroit subjuguer la vigoureuse puissance de la volonté générale, et au mois d'Août 1788, trois mois après l'institution de la Cour Plénière, une déclaration du Monarque abrogea solemnellement cette nouveauté politique.

On conçoit néanmoins combien des changemens si rapides, ces expériences hardies et ces prompts repentirs, devoient discréditer le Gouvernement.

Une conduite si incertaine servit aussi parfaitement le vœu progressif de la Nation en faveur des États-Généraux. Le Parlement de Paris avoit demandé leur convocation dès le mois d'Août 1787, et tandis que, par un Arrêté formel, il accusoit le Gouvernement *de réduire la Monarchie Françoise à l'état de despotisme, de disposer des personnes par Lettres-de-cachet, des propriétés par des Lits de justice, des affaires civiles et criminelles par des évocations ou cassations, & de suspendre le cours de la justice par des exils particuliers ou des translations arbitraires*, il se déclaroit lui-même dans l'impuissance légale d'adhérer dorénavant à aucune imposition, il marquoit ses regrets d'avoir adopté si long-tems d'autres principes, et il transmettoit à tous les Bailliages sa nouvelle profession de foi.

L'opinion publique qui lui avoit indiqué sa route, excitée par un aveu si décisif, s'anima de plus en plus, et les États-Généraux devinrent le cri de ralliement de Paris et des Provinces.

Le Gouvernement essaya de résister à ce vœu général, puis il y céda graduellement. Il annonça d'abord une convocation des Députés de la Nation pour l'année 1792; il voulut prouver qu'à cette époque elle seroit plus utile et plus convenable. On n'admit point ce retard. Les instances redoublèrent;

et pour donner des espérances plus prochaines, un Arrêt du Conseil autorisa toutes les Municipalités, toutes les Administrations intérieures, à rassembler les renseignemens propres à guider le Gouvernement dans la formation des États-Généraux. Enfin, l'opinion devenant chaque jour plus pressante, et la marche des affaires, au milieu des anxiétés de l'Administration, se trouvant comme suspendue, le Roi, par une Déclaration formelle, fixa l'ouverture des États-Généraux au premier Mai 1789.

Cependant M. l'Archevêque de Sens touchoit à la fin de sa carrière Ministérielle. Son crédit à la Cour résistoit encore aux atteintes qu'y portoient chaque jour et sa conduite et les événemens; il luttoit contre les troubles intérieurs du Royaume, tour-à-tour en se roidissant et en se relâchant, avec plus ou moins de prudence et d'opportunité; mais les embarras du Trésor Royal l'ayant déterminé à proposer d'acquitter, partiellement, les rentes de l'Hôtel-de-ville et d'autres engagemens, avec des assignats à terme, les Créanciers de l'État entrèrent en irritation, et leurs clameurs se joignant aux plaintes de tous les mécontens, le Roi fut obligé d'abandonner son Ministre; et M. de Brienne, découragé lui-même à l'aspect des difficultés qu'il avoit à vaincre, parut se retirer volontairement le 25 Août 1788.

On m'avoit sondé peu de temps auparavant, de la part du Roi, pour savoir si je voudrois prendre l'Administration des Finances à côté de M. l'Archevêque de Sens, avec l'entrée au Conseil. Je refusai. On revint à moi après sa retraite, et j'obéis à l'appel et au choix de Sa Majesté.

Je fus à Versailles. Le Roi voulut me voir dans le cabinet de la Reine et en sa présence. Il éprouvoit, dans sa grande bonté, une sorte d'embarras, parce qu'il m'avoit exilé l'année précédente (1). Je ne lui parlai que de mon dévouement et de mon respect; et dès ce moment, je me replaçai près du Prince, ainsi que j'avois été dans un autre tems.

Second Ministère de M. Necker.

Ici commencent et mon second Ministère et mon association aux mesures politiques du Conseil du Roi. Je me sers du mot d'association comme le plus exact et le

---

(1) J'avois rendu publique une réponse de moi à une attaque injurieuse de M. de Calonne, nonobstant une improbation indirecte de la part du Roi. C'étoit un tort; mais entraîné par un vif sentiment d'honneur, je courus librement les hasards d'une sorte de désobéissance.

plus conforme à la vérité; mais ce n'est point, je le déclare, pour chercher un partage et pour affoiblir ainsi la responsabilité qu'on m'impose. Il est singulier peut-être qu'on veuille compter avec moi seul des décisions prises par le Monarque au milieu de ses Ministres; mais je ne réclame point contre cette jurisprudence arbitraire, et je veux bien me présenter, sans alliés et sans compagnons, au Tribunal de l'Europe et de la Postérité.

Je voudrois seulement qu'il me fût permis de refuser pour Juges deux sortes de censeurs, également exagérés dans leurs opinions. Les uns ne voient dans le Ministre d'un Roi qu'un aveugle serviteur de l'Autorité, et ils lui demandent le sacrifice de toute espèce d'idée libérale. Les autres ne voient dans ce même Ministre qu'un simple particulier, l'Agent momentané de la Nation, et ils lui demandent une obéissance servile à toutes les idées populaires. C'est entre ces deux extrêmes que le devoir d'un Ministre est placé. Il ne délaissera jamais, auprès du Prince, les principes d'honneur et les sentimens de générosité qui seuls rendent dignes d'une grande place, et il n'oubliera jamais non plus les devoirs que lui impose la confiance de son Maître. J'ai parlé sans-cesse à Louis XVI des malheurs et des besoins du Peuple; j'ai parlé sans-cesse au peuple des vertus et des intentions bienfaisantes de son Roi, et j'ai défendu de tous mes efforts la Monarchie, sans dissimuler au Monarque l'utilité d'une balance dans la Constitution d'un Gouvernement. J'ai mérité, peut-être, d'avoir quelques amis parmi les hommes sages et modérés, et leur protection fait ma confiance dans un moment où, essayant de tracer la marche progressive d'une grande Révolution, je ne puis empêcher que les premiers signaux ne rappellent la mémoire de mon Administration.

Je trouvai les Finances et le crédit dans un état déplorable, et j'apperçus les avant-coureurs d'une disette, dont les symptômes devinrent terribles en peu de tems. Je soutins les paiemens, pendant un an, sans aucun secours de la part des Parlemens et des Etats-Généraux; et avec des précautions inouïes, je sauvai Paris et la France des horreurs de la famine. Je crois avoir fait davantage encore pour garantir la France des malheurs politiques dont elle étoit menacée; mais je n'ai pu obtenir en ce point une justice universelle. Trop de gens ont eu besoin de se servir de moi pour voiler leurs fautes; et la foule des spectateurs, en me regardant de la plaine, a dû me voir sans-cesse autour d'un char qui descendoit, rouloit avec vîtesse, du haut d'un mont élevé, et elle a pu croire que je le poussois, que j'accélérois du moins son mouvement, tandis qu'au contraire, je retenois les roues de toutes mes forces, et j'appelois continuellement au secours.

Que l'on retienne cette comparaison, et l'on jugera, par les développemens consécutifs que je donnerai, si elle n'est pas exacte et conforme à la vérité.

LES Etats-Généraux étoient promis, ils l'étoient de la manière la plus solemnelle, et les Parlemens devenus les gardiens d'un engagement que le Monarque leur avoit adressé, ne pouvoient se dispenser de veiller à son exécution. Deux circonstances d'ailleurs le rendoient presque indestructible. L'une, cette nouvelle profession de foi des Cours Souveraines, sur le long abus de leur autorité et sur l'impuissance où elles étoient et vouloient être de concourir, dorénavant, à aucune imposition. L'autre, cette Déclaration du Roi parfaitement analogue au même systême, et par laquelle il reconnoissoit l'illégalité des contributions ordonnées sans l'acquiescement des Représentans de la Nation. Enfin les vœux et les vœux prononcés de tous les ordres de l'Etat environnoient, pour ainsi dire, un engagement que l'on considéroit comme un rappel aux anciennes maximes de la Monarchie, et comme un présage de la félicité publique.

Concevra-t-on facilement que des hommes, aveuglés par leurs passions et revenant sur les tems passés, me reprochent aujourd'hui de n'avoir pas détourné le Monarque de la convocation des Etats-Généraux? Il ne les avoit promis, dit-on, que dans l'embarras de ses Finances, et puisque vous aviez plus de moyens qu'un autre pour l'en affranchir, puisque vous avez entretenu, pendant un an, l'action du Trésor Royal sans aucun secours ni des Parlemens ni des Etats-Généraux, ce tems auroit suffi pour refroidir les esprits, pour faire oublier la promesse du Roi, et pour donner aux Parlemens le loisir d'appercevoir, qu'en invoquant une assemblée de la Nation, ils alloient directement contre leurs propres intérêts.

Fort bien; mais d'abord on demande ici, à un Ministre appelé par l'opinion publique, à un Ministre assisté de cette opinion dans la conduite des Finances, on lui demande en même tems, le caractère le plus propre à repousser les sentimens de confiance qui composoient ses moyens et sa principale force. On veut qu'il soit lui, pour obtenir l'estime de la Nation, et Mazarin, pour s'en rire et pour en abuser. Cet amalgame est impossible. Et parmi les signes multipliés de l'attachement du Monarque à la parole qu'il avoit donnée, c'en étoit un peut-être de m'avoir rapproché de sa Personne. Je le déclare d'ailleurs, à l'honneur de ce Prince et en hommage à la vérité, jamais, ni dans son Conseil, ni dans aucun des entretiens particuliers que j'ai eus avec lui, il ne mit en question s'il devoit ou non garder la foi qu'il avoit donnée, et cependant il appercevoit bien qu'une assemblée d'Etats-Généraux, au milieu de l'agitation des esprits, étoit un grand événement. De quel opprobre ne se seroient pas couverts ses Ministres s'ils avoient essayé de combattre un sentiment si moral, et s'ils s'étoient permis de fouiller dans les pensées secrètes du Monarque, pour découvrir par quelles séductions on parviendroit à le détourner d'une inclination généreuse ?

Il est tant de hasards attachés aux changemens politiques, et l'on peut si difficilement en déterminer le cercle, en régler la progression, que si les Etats-Généraux n'avoient pas été promis, j'aurois borné mes soins à tirer un grand parti des Assemblées

Provinciales, et je me serois servi de leur assistance pour améliorer les diverses branches de l'Administration, et pour lier plus étroitement ensemble le Prince et ses sujets. Enfin, j'aurois cherché, pour la seconde fois, à faire le bien de la France sans rumeur & sans convulsion, et en employant néanmoins avec act' ité tous les moyens qui sont dans la dépendance d'une Administration éclairée. Mais lorsque l'engagement du Prince étoit donné, lorsqu'il avoit été reçu, lorsqu'il avoit été enregistré dans la forme la plus solemnelle, et lorsque la Nation attachoit à son accomplissement tous les genres d'espérances, quel homme eût osé présenter, en échange de ces trésors d'imagination, les fruits encore incertains d'une apparition Ministérielle, et dont une autorité passagère auroit été l'unique sauve-garde ? Aucune illusion, aucun prestige n'auroient ébloui l'opinion publique, et promptement elle eût fait justice de celui qui, par une imprudente ambition, auroit voulu substituer sa science et ses seules forces aux lumières d'un Peuple entier et à sa toute-puissance.

Enfin, et pourquoi le dissimulerois-je ? je m'associois de tous mes vœux aux espérances de la Nation, et je ne les croyois point vaines. Hélas ! peut-on songer aujourd'hui à l'attente universelle de tous les bons François, de tous les amis de l'humanité, le peut-on sans verser des larmes ? Il faut, pour être juste et pour devancer l'opinion de la postérité, se transporter à ces commencemens si loin de nous en apparence, et si près cependant à la seule mesure du tems.

Alors les uns se disoient, enfin le Trésor de l'Etat ne sera plus à la merci d'un Ministre des Finances, il ne sera plus épuisé par ses prodigalités ou par ses lâches complaisances, il ne sera plus dans la dépendance de ses vices ou de ses combinaisons personnelles. Une Assemblée composée d'hommes élus par la Nation fixera les dépenses publiques, et en les proportionnant d'une main ferme à l'étendue des revenus, aucun écart ne sera possible, et le Monarque lui-même sera mis à couvert de ses erreurs et de ses regrets. Que de richesses d'opinion seront alors créées ! car, la confiance une fois rétablie, les Créanciers de l'Etat ne seront plus exposés à tous les genres d'inquiétude, et chacun pourra croire à la stabilité de sa fortune.

Les amis du Peuple répétoient en même temps : Enfin, il ne sera plus oublié, il aura des défenseurs, il aura des protecteurs éclairés dans une Assemblée de ses Représentans, et les égards dus à sa situation, la justice qu'il a droit d'attendre ne seront plus des principes incertains, chancelans, et dont l'application dépendra des qualités du Prince et de la moralité de ses Ministres.

Les amis aussi d'une liberté sage célébroient à l'avance la proscription absolue des Lettres-de-cachet, des emprisonnemens arbitraires, et ils se croyoient déjà plus à l'aise en pensant que bientôt la surveillance exercée par les Magistrats, au nom de la loi, seroit la seule Autorité redoutable.

On appercevoit encore le vice des anciens systêmes d'Administration, on entendoit les plaintes et les murmures qu'excitoient continuellement le régime et la distribution des impôts, les rigueurs et les bizarreries de la Législation Fiscale, et l'on étoit instruit des obstacles qu'une complication formidable de privilèges et d'autorités opposoit aux idées de réforme et d'amélioration. Ainsi, lorsqu'on avoit éprouvé pendant si longtems la foiblesse et l'inconstance du Gouvernement, dans toutes les entreprises étrangères à l'Autorité Royale, il étoit naturel que l'on désirât de voir enfin réunies, dans un même centre, la connoissance des abus, la volonté de les détruire ou de les corriger, et la puissance nécessaire pour y parvenir.

Les vœux de la Nation ne se dirigeoient donc pas sans motifs vers une convocation d'Etats-Généraux, et lorsque cette convocation fut promise, lorsqu'on se permit alors de raisonner plus ouvertement sur l'organisation du Gouvernement François, on en discuta les abus, on en désigna les défauts, et bientôt on vit naître une opinion inquiète, dont les progrès s'étendirent avec une accélération singulière. Les circonstances qui servent à dissimuler les vices d'une ancienne Constitution politique, ou qui forcent l'attention à s'en distraire, ces diverses circonstances n'existoient plus. Le voile étoit déchiré, et la confiance dans la sagesse de l'Administration, le respect pour l'Autorité dominante, la force des préjugés, le sommeil enfin de la prospérité, tout étoit disparu; aucune attente, aucune espérance, aucun songe flatteur, ne favorisoient plus les idées d'habitude; et l'œil pénétrant de la censure avoit repris toute son activité.

Alors on se demanda ce que signifioit un ordre social, où les conditions du Pouvoir législatif n'étoient point fixées, où le Monarque et les siens croyoient que ce Pouvoir appartenoit en définitif, à la volonté du Prince exprimée dans un Lit de justice; tandis que les Parlemens et les disciples de leur doctrine considéroient comme incomplètes, toutes les loix qui n'étoient pas enregistrées avec liberté par les différentes Cours Souveraines.

Le premier système, en réunissant sous la même autorité le Pouvoir exécutif et le Pouvoir législatif, présentoit l'idée du despotisme.

Le second, en soumettant toutes les dispositions d'un ordre général à l'assentiment de treize Parlemens, délibérans chacun à part pour l'étendue de leurs ressorts, offroit un modèle de confusion.

Le combat entre ces deux systèmes, et leur supériorité alternative selon que l'opinion favorisoit l'un ou l'autre, étoient et devoient être une source continuelle de troubles et de divisions. Et lorsque la querelle, entre l'Autorité Royale et l'Autorité Parlementaire, éclatoit en hostilités, la Cour exiloit, emprisonnoit, et les Magistrats cessoient de rendre la justice (1). Les Parlemens discréditoient le Conseil du Roi; le Conseil cherchoit à avilir les Parlemens; et durant le cours de ces débats et de ces offenses mutuelles, la considération de toutes les Autorités s'affoiblissoit. Enfin le Pouvoir législatif lui-même, au milieu de tant de déchiremens, ne paroissoit plus aux yeux des Peuples avec l'éclat qui lui sied,

---

(1) Le Parlement de Paris cessa toutes ses fonctions, et les Avocats, à son imitation, refusèrent de plaider dans aucun Tribunal, parce que Louis XV avoit défendu aux Cours Souveraines de se mêler des affaires relatives à la Bulle *Unigenitus*.

avec la splendeur qui lui appartient, et souvent alors le respect paroissoit chancelant et l'obéissance languissante.

Les Parlemens encore, lorsqu'on examinoit leur composition, ne paroissoient pas assortis ou proportionnés au rang qu'ils vouloient tenir dans la Constitution de l'État. Le besoin seul d'un intermédiaire, entre le Roi et la Nation, prêtoit à ces Compagnies de Magistrats le secours de l'opinion publique; mais comment n'auroit-on pas vu, lorsqu'on étoit appelé à y penser, comment n'auroit-on pas vu que des particuliers, élevés en autorité par l'acquisition vénale d'un office, n'étoient pas les organes naturels du vœu de la Nation, n'étoient pas les hommes désignés, au nom de la raison, pour être et pour rester toujours les seuls dépositaires d'une aussi magnifique prérogative que le droit d'accepter ou de refuser les loix, les loix régulatrices de tous les intérêts de l'État? Comment encore n'auroit-on pas apperçu que des hommes, dont toutes les études et les occupations étoient concentrées dans le cercle de la jurisprudence civile ou criminelle et dans la science des formes, n'étoient pas préparés, par leurs habitudes et par leurs connoissances, à cette immense diversité de questions dont l'ordre public se compose?

QU'IL soit permis encore à un homme si longtems l'ami du Peuple, de ce Peuple alors délaissé, qu'il lui soit permis de rappeler, entre toutes les bizarreries du Gouvernement François, celle dont il a toujours été péniblement affecté pendant le cours de son Administration. Le bien du Royaume, les principes d'une saine morale, la protection due à la classe ignorante de la société, tous les motifs enfin qui peuvent déterminer un Ministre honnête m'auroient fait désirer un grand changement, un changement presque absolu, dans le système des contributions publiques.

L'impôt sur les terres n'étoit soumis à aucun principe régulier de répartition, et des privilèges injustes en eux-mêmes, mais suspendus encore à d'anciennes idées, en rejetoient le principal fardeau sur la partie de la Nation qui, par son état et sa fortune, auroit exigé le plus de ménagement.

Les droits sur les consommations offroient à tous les regards des disparités d'un autre genre; on les avoit diversifiés à l'infini, on les avoit élevés graduellement au plus haut période, et tandis que plusieurs Provinces en étoient surchargées, d'autres excitoient leur envie en se glorifiant des franchises dont elles étoient en possession. La Gabelle, les Aides et d'autres droits également connus, rappellent encore aujourd'hui, par leurs noms seuls, tout ce que je viens de dire; cependant cette bigarrure et ces oppositions frappantes excitoient, par l'appas du gain, un esprit de fraude, et la guerre étoit ouverte, la guerre étoit continuelle entre les aventuriers de la contrebande et la milice du fisc.

Tant de confusion, tant de désordres dans le systême et la distribution des impôts, invoquoient sans-doute un amendement et peut-être une régénération complète; mais pour y parvenir, au milieu d'un si grand nombre d'intérêts en rivalité, il eût fallu réunir à une même opinion, les Parlemens, les Pays d'États et peut-être encore les Chambres des Comptes et les Cours des Aides; car pour suspendre et pour empêcher, il n'étoit aucune autorité qui n'eût sa puissance; et peu de semaines avant l'Assemblée des États-Généraux, j'ai vu de simples tracasseries de la part de la Cour des Aides de Normandie, arrêter dans cette Province la collecte et la répartition de la taille, et ces tracasseries n'avoient cependant pour motif, qu'un petit sentiment d'humeur ou de dépit contre les Administrations Provinciales nouvellement établies.

On n'a pu connoître que par expérience la contexture embarrassée et l'enchevêtrement, s'il est permis de s'exprimer ainsi, du Gouvernement François dans ses rapports avec l'Administration intérieure du Royaume. On s'entendoit, on cheminoit à l'aide de l'habitude et en suivant les routes frayées; mais il falloit livrer mille petits combats pour faire réussir l'innovation la plus raisonnable.

On dira sans-doute, et l'on sera cru des hommes qu'une simple vraisemblance séduit ou persuade, on dira que l'Autorité Royale, si l'on avoit su l'employer, auroit détruit les abus les plus enracinés, auroit vaincu tous les genres de résistance. Mais on ne réfléchit pas que la puissance, pour être active et soutenue, doit tenir à une volonté et y tenir encore ostensiblement; or une telle volonté, dans un Monarque, ne s'unira jamais à une idée aussi abstraite et aussi compliquée que la rénovation d'un systême Fiscal, d'un systême d'Administration, d'un systême de Jurisprudence. Richelieu fut soutenu par un Prince foible dans une entreprise hardie, mais cette entreprise étoit en rapport continuel avec un terme simple et toujours entendu, toujours chéri des Rois, l'accroissement de l'autorité. Et, je n'en doute point, le même Ministre qui subjugua les Grands, qui rabaissa l'Autriche au nom de Louis XIII, auroit impatienté son Maître s'il lui avoit demandé de la tenue et de l'obstination, seulement pour rendre le prix du sel uniforme dans le Royaume.

C'étoit donc uniquement à des États-Généraux que pouvoit être attachée l'espérance d'une réforme salutaire, dans l'Administration intérieure de la France. On étoit sûr qu'appelés à s'occuper de la destruction des abus, leur volonté seroit en harmonie avec leurs moyens ; et c'est d'une telle harmonie que dépendent, chez tous les Peuples, le triomphe des obstacles et la réussite des grandes choses.

Cependant n'est-il pas un langage que l'on pourroit tenir sans trahir la vérité ? La France, diroit-on, la France étoit l'objet continuel de la jalousie de l'Europe. Que lui falloit-il de plus ? Souvenez-vous de la diversité de ses manufactures, de la perfection de ses arts, de l'activité de son industrie, de l'étendue de son commerce, de l'immensité de son numéraire. Voyez encore les vestiges de son ancienne magnificence, ses chemins, ses canaux, ses pompeux monumens, ses fondations utiles. Que de preuves réunies, que de signes apparens de la sagesse de son administration !

Hélas ! qui a fait valoir plus que moi les richesses et les prospérités de ce beau Royaume ? et qui les a jamais racontées avec tant d'amour et d'ostentation ? Mais soyons toujours justes, l'éclat d'un pays et sa fortune même ne suffisent pas, pour attester l'excellence d'une Constitution politique; car avant d'évaluer le produit des bienfaits d'un Gouvernement, il faut, dans les calculs de la reconnoissance, adjuger à la simple nature la part qu'elle a droit d'exiger, et cette part est incommensurable dans une contrée que le Ciel a favorisé de tant de manières. Un air pur, un climat tempéré, un sol fécond en productions diverses; des rivières qui le fertilisent et qui multiplient en même tems toutes les communications intérieures; une situation entre deux mers, et des rapports faciles avec l'Europe et le reste du Monde; enfin le caractère animé des habitans, leur imagination, leur aptitude à tout entendre. Combien de circonstances heureuses devoient servir la France, et porter au plus haut période la gloire de cet Empire! Elles pouvoient, de telles circonstances, résister à toutes les imperfections politiques, à toutes les méprises du Législateur, à toutes les erreurs du Gouvernement; elles le pouvoient et le pourront encore, tant la nature des choses est plus dominante qu'aucune autre influence et qu'aucune autre force. Et si l'on vouloit s'attacher davantage aux vérités que je viens de présenter, il faudroit, par supposition, transporter dans quelqu'autre partie du Monde et dans un pays même qui ne seroit pas des derniers en fortune, il faudroit y transporter par la pensée les treize Parlemens de France, là disputant chacun à part de Pouvoir et d'Autorité avec les Ministres, avec le Conseil du Monarque, et ne sachant, ni les uns ni les autres, le commencement de leurs droits et le terme de leurs puissance. Je n'en doute point, après s'être fait un pareil tableau et après l'avoir étudié, on se persuaderoit aisément que nulle part une Constitution si vague, un ordre social si bizarre, n'auroient pu se maintenir, n'auroient pu conserver un siècle de vie. Mais au milieu d'une grande masse de richesses, au milieu de tous les moyens naturels de prospérité la nature du Gouvernement devient souvent une idée accessoire, et dont on ne s'occupe que par intervalles.

Il n'en est plus de même, et la distraction cesse, lorsque, d'un pas égal, l'Administration se détériore et les esprits s'éclairent; lorsque les Finances publiques, au centre de tant d'intérêts, tombent en confusion et multiplient les inquiétudes; lorsque les plaintes des gens aisés rappellent à la multitude qu'elle est plus malheureuse encore, et lorsque les premiers perdans cherchent à ennoblir leurs censures, en parlant continuellement au nom du peuple. Grande leçon pour les hommes qui sont à la tête des affaires dans un pays où la Constitution politique est défectueuse; ils ne doivent jamais oublier, que, pour détourner l'attention des vices fondamentaux d'un Gouvernement, pour écarter les examens critiques et l'esprit de révolution qui vient à la suite, il faut apporter dans l'Administration une grande sagesse, une constante circonspection.

J'AI retracé les motifs qui animoient, qui rendoient raisonnables les vœux de la Nation pour une réforme salutaire dans les abus ou les vices du Gouvernement; mais en rappelant ces vœux, avant-coureurs des États-Généraux, je fais souvenir, une seconde fois, qu'à l'époque de mon retour au Ministère, il n'étoit plus tems d'examiner si les soins d'une bonne Administration pouvoient encore, à eux seuls, rétablir la confiance.

L'appel des Représentans de la Nation étoit déterminé, le Monarque en avoit pris l'engagement, et l'opinion publique étoit debout pour lui faire tenir sa promesse.

ÉCARTONS-NOUS maintenant de ces réflexions préalables, et toujours avec le dessein de jeter une première clarté sur des commencemens que tant d'événemens inouïs rendront si mémorables, parcourons, examinons les délibérations importantes qui

durent

durent occuper l'attention du Conseil du Roi. Jamais, dans un si court intervalle, on n'eut à traiter des sujets d'une telle gravité; et comme ils étoient absolument nouveaux pour tous les hommes du tems, les Ministres aussi, s'ils s'étoient trompés, s'ils avoient commis quelques fautes, pourroient avec justice faire valoir leurs droits à une équitable indulgence. Il n'est de juges inexorables que parmi cette classe d'hommes dont la prescience s'organise après les événemens, et qui, sans aucune distinction, prennent tous les antécédens pour des causes.

Les États-Généraux étoient promis, mais on n'avoit point annoncé de quelle manière ils seroient composés; il eût fallu peut-être soumettre les deux décisions à des examens parallèles, car il étoit évident que le même esprit public, dont le mouvement unanime arrachoit au Roi la promesse d'une convocation prochaine d'États-Généraux, influeroit aussi sur la formation de ces États. Le Gouvernement parut lui-même avoir le pressentiment de cette vérité; mais au lieu de l'approfondir à tems, et d'en mesurer les conséquences, il se borna à requérir, avec une sorte de solemnité, des renseignemens et des instructions qu'on ne lui donna point.

Ce fut par un Arrêt du Conseil, rendu

sous M. de Brienne, que les Municipalités, les Administrations Provinciales, et même les Académies de Savans et de gens de lettres, furent invitées à adresser des Mémoires aux Ministres; et si la Nation eût pu rester incertaine sur l'autorité de son opinion, elle auroit été rassurée en voyant les doutes du Gouvernement et l'imperfection de ses connoissances.

Ainsi, lorsque je rentrai dans le Ministère au mois d'Août 1788, je trouvai le Prince et son Conseil engagés et par leurs promesses et par les espérances qu'ils avoient données. Je vis en même tems la Nation disposée à toutes les prétentions qui naissent du sentiment de ses forces; et quoique la nouveauté des circonstances et l'inexpérience générale tinssent encore dans le vague toutes les pensées politiques, on s'accordoit universellement à désirer, à vouloir que les États-Généraux ne fussent pas une vaine parade. L'on demandoit avec décision qu'ils eussent, par quelque moyen, l'unité d'action nécessaire, et pour extirper cette foule d'abus dont les racines paroissoient si profondes, et pour entreprendre, avec succès, une régénération dont on avoit l'impatience et dont on éprouvoit le besoin.

Les derniers États avoient été rassemblés en 1614, au moment de la majorité de Louis XIII, et sous l'autorité toujours subsistante de Marie de Médicis. Ils furent convoqués à la hâte et dissous de la même manière. On y vit les efforts du Clergé pour faire reconnoître en France l'autorité temporelle du Pape et le Concile de Trente, mais aucune autre discussion importante n'occupa les États. Les trois Ordres assemblés séparément se rendoient des visites par Commissaires, s'envoyoient réciproquement des Orateurs. On observoit scrupuleusement toutes les étiquettes, on comptoit le nombre des pas que l'on faisoit dans une des trois Chambres, pour accompagner les Délégués des deux autres, ou pour aller au-devant d'eux. Il y avoit de ces pas, un tel nombre pour le Tiers-État, un tel nombre pour la Noblesse, un tel autre pour le Clergé, et l'on en tenoit registre. On inscrivoit également les harangues, et ces harangues ressembloient à des déclamations théâtrales plutôt qu'à des controverses sérieuses. Enfin, au milieu des complimens les plus fastidieux, il s'élevoit des querelles sur des phrases inconsidérées, et il fallut, entr'autres, beaucoup de négociations et d'entrevues pour appaiser la fermentation occasionnée par une comparaison impertinente d'un Orateur du Tiers, qui, en parlant au

Roi, avoit désigné les Nobles comme des adorateurs de la *Déesse Pécune*. On composa cependant des doléances, et l'on espéroit recevoir quelque satisfaction avant la séparation des États; mais cette séparation fut ordonnée au moment même de la réception des cahiers. Les Députés du Tiers-État parurent humiliés et désolés d'être contraints à s'en retourner dans leurs Bailliages, sans avoir rien obtenu pour la chose publique; et voici comment s'explique un Député de cet Ordre, le rédacteur des Procès-verbaux.

« Quoi, disions-nous, quelle honte, » quelle confusion à toute la France, de » voir ceux qui la représentent, en si peu » d'estime et si ravilis. . . . .

» L'un publie le malheur qui talonne » l'État, l'autre déchire de paroles M. le » Chancelier et ses adhérens et cabalistes. » L'un frappe sa poitrine, accusant sa lâ» cheté, et voudroit chèrement racheter » un voyage si infructueux, si pernicieux » à l'État, et dommageable au Royaume » d'un jeune Prince, duquel il craint la » censure, quand l'âge lui aura donné une » parfaite connoissance des désordres que » les Etats n'ont pas seulement retranchés, » mais accrus, fomentés et approuvés. » L'autre, minute son retour, abhorre le » séjour de Paris, désire sa maison, voir

» sa femme et ses amis, pour noyer dans » la douceur de si tendres gages la mé» moire de la douleur que la liberté » mourante lui cause. »

Les Etats de 1614 durèrent à peine quatre mois, et en déduisant de cet intervalle tout le tems consumé par des cérémonies ou par d'autres distractions inutiles, il ne resteroit pas six semaines de travail assidu.

Certainement des Etats-Généraux dont le rassemblement n'avoit servi qu'à signaler la puissance de la Cour et la foiblesse des Représentans de la Nation, de tels Etats, dont l'histoire avoit eu peine à perpétuer le souvenir, ne pouvoient pas accréditer les idées qui avoient réglé leur forme et déterminé leur composition. D'ailleurs tout étoit changé depuis cent soixante et quinze ans, les mœurs, la disposition des esprits, les sentimens de crainte ou de respect envers la Puissance Royale, la mesure des connoissances, la nature et l'étendue des richesses; et par-dessus tout, il s'étoit élevé une Autorité qui n'existoit pas il y a deux siècles, et avec laquelle il falloit nécessairement traiter, l'Autorité de l'opinion publique. Aussi le mécontentement du Royaume fut-il universel au moment où le Parlement de Paris rappela les formes de 1614, en enregistrant la Déclaration destinée à fixer l'époque du rassemblement des Etats-Généraux.

Il n'accompagna cet enregistrement d'aucune représentation ; et le silence qu'il garda en voyant les Notables changer dans tous les points les formes de 1614, le silence qu'il garda au moment où les droits d'élection furent publiquement débattus et fixés, au moment où l'on adopta de nouvelles proportions pour déterminer le nombre des Députés de chaque Bailliage, enfin au moment des Lettres-de-convocation et pendant le cours de toutes les discussions préalables, ce silence fit assez connoître que le Parlement ne tenoit à la clause formulaire de son enregistrement, ni par aucun examen approfondi, ni par aucune connoissance éclairée.

Et, en effet, eût-on absolument négligé d'apprécier les grandes altérations apportées par le tems à toutes les circonstances morales, il auroit encore été manifeste que le modèle de 1614 ne pouvoit être littéralement suivi dans un Pays, accru de plusieurs Provinces postérieurement à cette époque, et dont la population, par d'autres causes, s'étoit élevée à un période jusques alors inconnu.

Ce modèle, avant que l'Assemblée des

Notables en eût fait connoître tous les défauts, étoit devenu l'objet de la critique universelle, et chacun citoit quelques particularités des Etats de 1614, réellement incompatibles avec l'ordre existant en 1788. Enfin, on se demandoit, si, pour s'asservir à d'anciennes circonvallations de Bailliages, il étoit possible, en un siècle de lumières, d'attribuer le même nombre de Députés, le même droit représentatif à des Districts dont la population étoit tellement différente, qu'elle varioit jusques dans une proportion d'un à trente.

Je ne m'arrêterai pas sur des détails qui manqueroient aujourd'hui d'intérêt. Il étoit aisé de faire ressortir les défauts d'une organisation politique tenue hors d'usage pendant deux siècles, et qui, par cette raison, n'avoit pu être modifiée avec les circonstances. Mais en examinant de quelle manière on pouvoit l'adapter à notre tems et à notre âge ; de quelle manière on pouvoit concilier le vieux avec le nouveau, l'ancien avec le moderne, on appercevoit de grandes difficultés.

Il ne suffisoit pas en effet de convoquer des États-Généraux, il falloit encore qu'ils tinssent de l'opinion la sanction nécessaire à leur autorité ; et ce qu'on redoutoit le plus alors, c'étoit de se voir plongé dans le chaos des chaos, si, dans le même tems que les Parlemens refusoient leur assistance au Gouvernement, des contestations sur les formes eussent embarrasé, eussent retardé la réunion des Représentans de la Nation.

Le Conseil du Roi cependant ne pouvoit avec sagesse prendre à lui seul la décision d'une infinité de questions, toutes importantes ou par leurs rapports avec la régularité des élections, ou par leur influence sur l'ordre et la tranquillité des rassemblemens qui devoient s'exécuter, à la fois, dans les différentes parties du Royaume.

Le Gouvernement, toujours appelé à être Partie dans les grandes opérations politiques, auroit été facilement accusé d'un esprit de partialité, et l'on auroit cherché cet esprit jusques dans les détails auxquels il n'étoit pas applicable. Le Conseil du Roi devoit d'autant moins se confier à ses seules lumières, que le Parlement de Paris ayant inscrit dans ses Registres une réserve en faveur des formes de 1614, cette Cour pouvoit s'y reprendre selon les circonstances et selon le degré d'assistance que lui donneroit l'opinion publique. Mais où trouver un Corps dans l'Etat et une réunion d'hommes qui présentassent à tous les regards un front de considération suffisant pour en imposer par leur sentiment ? Et si les Ministres eussent voulu composer arbitrairement une Assemblée consultative, ils auroient rendu leurs vues suspectes, ils auroient inspiré de l'ombrage, et tout au moins on se seroit pressé de chercher un rapport entre leurs nominations et le genre d'opinion qu'ils avoient dessein d'accréditer.

Assemblée des Notables.

AU milieu d'un embarras, fortement senti par tous les Membres du Gouvernement, on considéra comme une idée heureuse la proposition de rassembler les mêmes Notables qu'on avoit appelés près du Roi l'année précédente. Il étoit hardi peut-être, avec la disposition des esprits déjà bien connue, de prendre pour Conseil de Direction une Assemblée composée essentiellement de Princes du Sang, d'Evêques, de Grands Seigneurs et de tous les Chefs des Cours Souveraines. Et je demande, à cette occasion, si le rappel d'une telle Assemblée annonçoit de ma part un profond esprit de démocratie, et si d'aveugles ennemis doivent être crus, lorsque dirigeant les regards vers mon second Ministère, ils m'attribuent, dès son origine, le dessein prémédité de caresser indistinctement toutes les opinions populaires.

Ce qu'il eût fallu conseiller avec de pareilles vues, c'étoit une Assemblée consultative composée de Députés choisis par les Pays d'Etats et par les Administrations Provinciales. Le Tiers-Etat alors auroit eu dans les délibérations une influence égale au crédit des deux premiers Ordres; mais, de cette manière, de grands débats se seroient ouverts prématurément, et le Gouvernement auroit marqué une opinion, au lieu de chercher à s'éclairer.

On ne présumoit rien en rappelant les anciens Notables, parce qu'ils avoient été choisis dans un autre tems et pour un sujet absolument étranger aux nouvelles questions qui devoient être soumises à leur examen. Ils avoient de plus obtenu par leur conduite la confiance de la Nation, et l'on croyoit d'ailleurs avec raison que le Gouvernement, assisté comme il l'étoit alors dans l'opinion, ne recevroit d'aucune Assemblée de simples avis comme une direction décisive. Ce furent sans-doute ces différens motifs qui rendirent le Public favorable au rappel des anciens Notables, et réunis à Versailles ils commencèrent leurs travaux sous les plus heureux auspices.

Une multitude de recherches occupèrent leur attention, et ils examinèrent successivement toutes les dispositions qui devoient précéder la réunion des Députés aux Etats-

Généraux ; la manière de procéder à la composition et à la tenue des Assemblées de Bailliages, le genre d'autorité qu'il falloit accorder aux Présidens, les précautions nécessaires pour assurer le maintien de l'ordre, les titres au droit d'élire et à la faculté d'être élu, les diverses formes propres à constater les suffrages et à garantir leur liberté ; enfin les Notables, pour remplir honorablement la tâche qui leur avoit été confiée, parcoururent toutes les dépendances d'un vaste et important sujet ; et comparant les anciens usages avec les établissemens postérieurs, avec les circonstances nouvelles, ils jetèrent un grand jour sur toutes les questions essentielles, et tracèrent au Gouvernement la marche qu'il devoit suivre.

On ne pouvoit trop estimer leurs recherches et leurs travaux ; et cependant leur plus important service fut l'autorité qu'ils donnèrent à plusieurs innovations absolument nécessaires, et que les Ministres du Roi n'auroient jamais eu, à eux seuls, le pouvoir de commander.

Les Notables, pour examiner de plus près et avec moins de confusion les nombreux détails qu'ils avoient à discuter, s'étoient divisés en six Bureaux composés chacun de vingt-quatre personnes ; et leurs avis, quelquefois unanimes, furent néanmoins partagés sur un grand nombre de questions. Il étoit donc nécessaire de résumer ces avis, et de prendre une détermination définitive. Le Roi nomma pour ce travail quatre Conseillers d'Etat d'une grande réputation, et un Maître des Requêtes en qualité de Rapporteur.

Ces Magistrats, rassemblés chez M. le Garde-des-sceaux, et délibérant en sa présence, donnèrent la dernière main au plan de convocation des Etats-Généraux, et à toutes les instructions qui devoient l'accompagner.

Le Roi, avant de nommer cette Commission de Magistrats, mais après la clôture du travail des Notables, avoit décidé, dans son Conseil d'Etat, deux questions importantes.

Le nombre général des Députés du Royaume et le nombre respectif des Députés des trois Ordres.

Les Notables n'avoient pas traité la première de ces questions. Ils furent divisés d'opinion sur la seconde, et l'avis du Conseil s'unit au sentiment de la minorité.

C'est donc uniquement de deux décisions dont les Ministres du Roi sont particulièrement responsables; car toutes les autres dispositions relatives au rassemblement des Etats-Généraux, ont été dictées par le vœu des Notables.

Résultat du Conseil du 27 Décembre 1788.

Ce fut le 27 Décembre 1788, et par une Proclamation sous le titre de *Résultat du Conseil*, que le Roi fixa publiquement le nombre général des Députés aux Etats-Généraux, et le nombre respectif des Représentans de chaque Ordre.

Ce résultat eut dans le tems une grande célébrité, et quoiqu'on y ait constamment uni mon nom, quoiqu'il m'ait valu successivement et beaucoup de louanges et beaucoup d'inimitiés, il ne m'appartient pas exclusivement. La rédaction, l'ordonnance et le style ne composent un titre de propriété que pour les ouvrages académiques; il n'en fut jamais de même pour les Arrêts d'un Conseil politique, et pour les préambules qui en exposent les motifs. Le Résultat du Conseil du 27 décembre, lorsqu'il fut rendu public, étoit précédé d'un Rapport fait en mon nom comme Ministre d'Etat; mais personne alors, personne du moins à la suite des affaires, ne put ignorer que ce Rapport n'avoit entraîné ni préparé la décision du Roi et de son Conseil. Il ne fut rédigé qu'après cette décision, et pour tenir lieu de l'usage ordinaire des Préambules, sortes de discours où le Monarque exposoit lui-même les motifs de ses loix ou de ses déterminations. On crut qu'il falloit, dans cette occasion, un développement dont l'étendue se concilieroit difficilement avec le langage noble et précis qui appartenoit à la Majesté Royale; et ce fut par cette raison, que l'on adopta la forme d'un Rapport fait au Roi par l'un de ses Ministres, et suivi d'une délibération du Conseil d'Etat. Aussi ce Rapport, essentiellement destiné à éclairer l'opinion publique, fut-il examiné minutieusement dans plusieurs Comités de Ministres, ensuite sous les yeux du Roi; et la Reine fut présente à la dernière conférence. Enfin, au moment de cette discussion finale, si l'on excepte l'opposition d'un Ministre dirigée sur un seul point, toutes les volontés, tous les avis se réunirent en faveur du Rapport et du Résultat, tels qu'ils ont été rendus publics.

Qu'on ne se méprenne point sur les motifs qui m'engagent à rappeler ces particularités. Ce n'est pas dans un moment où les délibérations du Conseil, antérieures aux Etats-Généraux, sont attaquées au nom des événemens subséquens; ce n'est pas dans un tel moment, que je voudrois disputer sur ma part à ces mêmes délibérations. Je l'accepte encore en son entier, je l'accepte sans réduction, ainsi que je l'ai fait dans les jours d'espérance. J'oserois même dire que je la revendique cette part, cette part justement honorable ; car le mérite des pensées honnêtes et des conseils prudens, ne peut être altéré par les fausses interprétations des hommes et par l'adresse avec laquelle plusieurs d'entr'eux rassemblent tous les regards sur une circonstance éclatante, afin de détourner l'attention des malheureuses suites de leurs fautes ou de leurs erreurs.

Cependant il importe à la réputation du Conseil d'Etat, et peut-être à la mémoire du Roi, que l'on n'abuse pas de la forme donnée à la Proclamation du 27 décembre 1788. On le fait néanmoins, et sans aucun scrupule, lorsqu'on reçoit, lorsqu'on présente mon Rapport au Monarque comme un tableau complet de toutes les raisons qui déterminèrent la décision du Gouvernement. Le mot de *nécessité* ne s'y trouve pas ; et cette seule remarque doit faire présumer que le Rapport ne disoit pas tout, et qu'il avoit été précédé d'une discussion plus étendue. Nous développerons bientôt cette réflexion.

Le Roi, par le Résultat de son Conseil du 27 Décembre 1788, fit connoître manifestement qu'il n'entendoit rien changer à l'ancienne institution des trois Ordres appelés à délibérer séparément, et, en même tems, il décida que les Députés du Tiers-Etat seroient égaux en nombre aux Députés des deux premiers Ordres réunis.

Auroit-on pu soutenir, à un Tribunal d'équité, que les intérêts des quatre-vingt-dix-huit centièmes de la Nation n'exigeoient pas un aussi grand nombre de Représentans, d'Enquêteurs et d'Interprètes que les intérêts des deux autres centièmes ? Et je crois que je parlerois plus exactement, en comparant quatre-vingt-dix-neuf centièmes à un centième; et dans cette dernière fraction, il y avoit encore beaucoup d'individus qui parloient éloquemment en faveur d'une parité de représentation. Les règles de la prudence, en ne consultant qu'elles, eussent-elles permis au Roi de rejetter à la fois et un vœu raisonnable et un vœu, présenté, soutenu d'une manière si imposante ?

La critique s'éleva bien foiblement contre la détermination du Roi; on l'entendit à peine au milieu des applaudissemens universels. Elle ne s'appuyoit alors que sur les intérêts et les droits des deux premiers Ordres; c'est par degrés, c'est avec les événemens qu'on a voulu donner à de premiers discours l'importance et l'étendue qu'ils n'avoient pas eues dans les commencemens; et de cette manière on s'est attribué un instinct prophétique, sans autre titre que des plaintes excitées par des considérations personnelles. Mais rien n'est si commun que ces opérations de l'amour-propre et de la vanité : un mot qu'on a dit par hasard dans un tel tems et sans y avoir attaché aucun sentiment, aucune pensée profonde ; un mot peut-être encore dont on est seul à se souvenir, ce mot suffit quelquefois pour y suspendre, long-tems après, une chaîne de prédictions et tout autant de trophées à la gloire de son esprit.

Considérons cependant les objections dirigées contre le Résultat du Conseil du 27 Décembre, et considérons-les, n'importe leur date, n'importe le degré de persuasion avec lequel on les répète, et sans nous arrêter à faire ressortir l'esprit d'imitation ou de crédulité qui en a favorisé le bruit et multiplié les effets.

Doublement du Tiers.

C'EST sous le nom de *Doublement du Tiers* qu'on a signalé l'objet de ses reproches, et, en bonne guerre, on a sagement fait de réunir les passions à une expression simple, c'étoit un moyen d'associer à sa cause une multitude de personnes incapables de l'entendre et de l'approfondir ; mais sous le nom de *Doublement du Tiers*, sous un mot facile à retenir et dont chacun peut étendre le sens à son gré, hommes, femmes, enfans, ignorans et lettrés, tout le monde s'est rallié ; et ce mot, devenu pour un parti la redite banale, sert encore aujourd'hui de rappel à une seule et même opinion.

Montrons d'abord que l'expression de *Doublement du Tiers*, si promptement employée pour désigner et pour inculper la décision du Roi du 27 Décembre, manquoit absolument de justesse et de vérité.

Les anciennes Lettres-de-convocation ne se sont pas toujours servies de la même expression pour désigner le nombre des Députés que les trois Ordres devoient choisir : elles ont dit quelquefois, *un de chaque Ordre*, quelquefois un de chaque Ordre *au plus*, quelquefois un de chaque Ordre *au moins*, et elles paroissoient essentiellement s'en rapporter à l'usage ; car elles ajoutoient communément *suivant ce qui s'est pratiqué en pareil cas*.

Attachons-nous donc à une circonstance plus importante que ces formules de Chancellerie, c'est le fait même des élections et l'admission des résultats sans aucune espèce de contradiction.

On voit, dans tous les Procès-verbaux restés des anciens tems, qu'un très-grand nombre de Bailliages, et tantôt les uns, tantôt les autres, avoient un nombre de Députés du Tiers-État égal ou supérieur au nombre des Députés des deux autres Ordres réunis, et je place en note une preuve de cette assertion extraite des derniers Etats (1).

---

(1) Noms des Bailliages qui envoyèrent aux Etats-Généraux de 1614 un nombre de Députés du Tiers, égal ou supérieur au nombre réuni des Députés du Clergé et de la Noblesse.

	Clergé et Noblesse.	Tiers-Etat.
Bailliage de Dijon.	2	3
Bailliage d'Autun.	2	2
Bailliage de Châlons sur Saône.	2	2
Bailliage d'Auxois.	2	2
Bailliage de la Montagne.	2	2
Bailliage de Charolois.	2	2
Ville et Bailliage de Rouen.	3	3
Ville et Bailliage de Caen.	2	2
Sénéchaussée de Rouergue.	2	5
Sénéchaussée d'Agenois.	3	3
Albret.	2	2
Haut-Limousin et Ville de Limoges.	2	2
Bas Pays de Limousin, comprenant Tulles, Brives et Userches.	2	3
Sénéchaussée de Quercy.	2	2
Bailliage de Vitry-le-François.	2	2
Bailliage de Meaux.	2	2
Sénéchaussée du Puy et Bailliage de Velay.	1	2
Sénéchaussée de Carcassonne et Beziers.	2	2
Bailliage de Touraine et Amboise.	4	4
Bailliage de Berry.	4	4
Bailliage de Forêt. Bailliage de Beaujolois. Sénéchaussée de Lyon.	5	8
Bailliage de Chartres. Bailliage de Blois. Bailliage de Mantes et Meulan.	4	6
Bailliage et Comté de Gien.	2	2
Calais et Pays reconquis.	1	1
Prevôté de Roie.	1	1
Bailliage de Senlis.	2	2
Bailliage de Chaumont en Vexin.	2	2
Bailliage de Nemours.	2	2

Indiquons de plus le nombre respectif et le nombre total des Députés aux trois dernières Assemblées d'États-Généraux.

Il y eut aux États tenus à Paris en 1614

140 Députés de l'Eglise,
132 Députés de la Noblesse,
192 Députés du Tiers-État.

Il y eut aux Etats de Blois en 1588

134 Députés de l'Eglise,
104 Députés de la Noblesse,
191 Députés du Tiers-Etat, *sans ceux*, dit la Chronique, *qui sont arrivés depuis la première et la seconde séance.*

Il y eut aux Etats de Blois en 1576

104 Députés du Clergé,
72 Députés de la Noblesse,
150 Députés du Tiers-Etat.

On voit donc qu'aux deux Assemblées tenues à Blois, à la première en date, surtout, le nombre des Députés du Tiers-Etat étoit à-peu-près égal au nombre des Députés réunis de la Noblesse et du Clergé.

La différence se trouva plus grande aux Etats de 1614, et cependant elle ne fut pas d'un contre deux, mais de huit contre onze.

	Clergé et Noblesse.	*Tiers-Etat.*
Ville et Gouvernement de la Rochelle.	1	3
Sénéchaussée de Lodunois.	1	2
Sénéchaussée de Chastelleraudais. . . .	1	1
Bailliage de Bugey et Valromey. . . .	2	1

Enfin, aux petits Etats de Pontoise (1561) qui précédèrent les Etats de Blois dont je viens de parler, et où cependant on accorda un impôt sur les boissons, considérable pour le tems, les Députés de la Noblesse et les Députés du Tiers-Etat étoient en nombre égal. Les Députés du Clergé n'assistèrent point à cette Assemblée; ils étoient alors réunis à Poissy pour les affaires de la Religion, et ils promirent un secours particulier.

Que signifie donc, près de ces divers éclaircissemens, le nom de *doublement du Tiers* appliqué si légérement à l'égalité de nombre entre les Députés du Tiers-État et les Députés réunis du Clergé et de la Noblesse?

La grande question, en 1789 et en tous les tems, n'étoit pas le nombre respectif des Députés des trois Ordres, mais leur manière de délibérer, par tête ou par Bailliage, les Ordres réunis ou les Ordres séparés. Questions que je traiterai dans la suite et à leur place.

Elles n'appartiennent point au Résultat du Conseil du 27 Décembre, puisque ce Résultat ne changeoit point les anciennes formes de discussion, et qu'au contraire il les rappeloit. Mais une observation plus importante sur le prétendu *doublement du Tiers*, c'est que le Roi en déterminant, comme il le fit, le nombre respectif des Députés des trois Ordres, restreignit en réalité les Députations du Tiers-Etat : vérité remarquable, et que je dois expliquer.

On auroit suivi, je suppose, le formulaire adopté précédemment par la Chancellerie; ainsi l'on eût adressé aux Bailliages des Lettres-de-convocation, où l'on auroit dit, en parlant du nombre des Députés, un de chaque Ordre, un de chaque Ordre *au plus*, un de chaque Ordre *au moins*. Les Bailliages en recevant ces Lettres auroient consulté la tradition, auroient examiné les procès-verbaux, et ils auroient vu, que, nonobstant les formules d'usage, ils avoient envoyé, selon leur libre arbitre et sans aucune contradiction, tantôt plus, tantôt moins de Députés; et leurs motifs de confiance n'étant pas diminués, tout au contraire, ils auroient, chacun d'eux, suivi leur convenance.

Or peut-on mettre en doute qu'il y avoit et qu'il devoit y avoir un beaucoup plus grand empressement pour les Etats de 1789 que pour aucune autre tenue antécédente? Le Tiers-Etat, dans un tems où les grandes routes étoient imparfaites et peu nombreuses, les chemins de traverse quelquefois impraticables, les voitures publiques encore inconnues, devoit se soumettre avec peine aux fatigues et à la dépense des Députations; longtems même il fut obligé de payer, à lui seul, tous les frais occasionnés par la tenue des Assemblées Nationales, et l'on voit qu'aux Etats de Tours, sous Charles VIII, le Chancelier invita le Clergé et la Noblesse à payer une part de ces frais *par pitié pour le pauvre Peuple*. Enfin on sait que le Tiers-Etat se montra souvent indifférent, et avec raison, à la plupart des intérêts et des querelles qui déterminèrent les Monarques François, les Princes et les Régences, à une convocation d'Etats-Généraux.

Rappelons encore qu'autrefois l'éducation étoit rare, la science à son commencement, l'espoir de briller incertain; et n'oublions pas non plus que la distribution des graces étoit, autour du Prince et de ses Ministres, infiniment circonscrite.

Tout étoit différent à la fin du dix-huitième siècle, tout étoit autre, tout étoit changé; Paris se trouvoit rapproché, pour ainsi dire, de toutes les parties du Royaume par l'extrême facilité des communications, et la Cour paroissoit encore de loin la porte d'entrée des mines du Mexique ou du Pérou. Enfin l'éducation, la science et les lumières avoient fait de grands pas ; l'art de parler et d'écrire s'étoit perfectionné, et chacun brûloit du désir de paroître et de se montrer. Mais toutes ces considérations n'étoient rien encore, près des grands motifs qui attiroient l'attention universelle vers les Etats-Généraux de 1789 et qui tenoient tous les esprits en fermentation. Les Parlemens et le Monarque à leur imitation, avoient déclaré que les Représentans de la Nation pouvoient seuls autoriser, par leur consentement, l'établissement et la levée des contributions. Ainsi les sacrifices des Peuples, et, par une suite nécessaire, le sort de la dette publique, la détermination des dépenses, devoient se fixer dans une Assemblée, déjà remarquable par le retour d'une solemnité inconnue à la génération présente, et qu'un intervalle de deux siècles avoit effacée de son souvenir.

La rénovation des principes d'Administration et la modification de plusieurs parties de l'ordre politique s'unissoient encore, en perspective, aux résultats des prochains Etats-Généraux. Jamais donc aucun Peuple n'avoit été appelé à influer, par sa représentation, sur des événemens d'une plus haute importance. Toute la France appercevoit cette vérité, et le troisième Ordre de l'Etat, plus en espérance qu'aucun autre parce qu'il avoit plus de vœux

à

à former, considéroit avec un intérêt sans mesure la perspective nouvelle offerte à ses regards, et il attendoit des lumières du tems et de l'influence énergique de ses Représentans le redressement de tant de griefs, inutilement exposés en d'autres circonstances.

Les Communes du Royaume, animées de cet esprit, auroient peut-être envoyé aux Etats-Généraux un nombre indéfini de Députés, si l'ancien formulaire des Lettres-de-convocation leur eût rappelé la liberté dont elles avoient joui de tout tems. Le Gouvernement avoit même de premières notions sur leurs dispositions à cet égard, et il prévint par sa conduite un système d'élection inconsidéré. Les deux premiers Ordres, à l'imitation du Tiers-Etat, auroient multiplié peut-être le nombre de leurs Députés, et il y auroit eu un désordre complet, et comme une sorte de cohue, à l'ouverture des Etats-Généraux.

Cependant, si le Roi présageant l'abus que feroit le Tiers-Etat de l'ancienne liberté des élections, et si, calculant avec prudence la mesure de son Autorité répressive, il s'étoit assuré d'une complète obéissance, sans manquer aux règles de sa justice, n'auroit-il pas rempli de cette manière les conditions qu'il devoit se proposer?

Aussi, l'on doit s'en souvenir, le Résultat du Conseil du 27 Décembre 1788 répandit un calme universel; et ce calme, heureux présage, sembloit annoncer, sembloit promettre la tranquillité des Etats-Généraux et leur influence propice. Que n'a-t-on secondé les soins paternels du Monarque ! que n'a-t-on respecté sa marche circonspecte ! que ne s'est-on rangé autour de sa prudence, au lieu de lui demander, hors de tems, de se déclarer le champion de toutes les prétentions que son bon esprit l'empêchoit d'approuver indistinctement, et que l'Autorité Royale auroit en vain alors essayé de défendre ! Elle ne pouvoit plus, cette Autorité, dédaigner de compter avec l'opinion, et il y auroit une sorte de méprise malicieuse à s'autoriser de mon Rapport au Conseil, pour supposer que je jugeois le Monarque en pleine liberté de régler arbitrairement la Députation des trois Ordres, pour supposer que je lui croyois une égale faculté de se faire obéir, soit qu'il admît ou rejetât la réclamation animée et le vœu prononcé de toutes les Communes de France.

Un des devoirs du Ministre, dans ce Rapport destiné à une grande publicité, étoit de jeter un voile sur les idées de contrainte et de nécessité, afin de maintenir en son éclat la Majesté Royale, et peut-être encore plus, afin de ménager au Monarque l'amour et la reconnoissance de la majeure partie de la Nation. Je ne faisois tort à personne en prenant pour le Roi la part qui pouvoit appartenir aux circonstances, et c'est ainsi qu'en mille occasions et au risque d'être mal jugé, j'ai toujours cherché à le servir.

LE témoignage des hommes du tems présent suffit pour faire foi de la véhémence avec laquelle on prenoit part, en France, à une décision attendue chaque jour de la part du Conseil du Roi. Mais un témoignage de tradition s'affoiblit insensiblement, et je trouve important de consacrer ici une preuve éclatante et durable de la vérité que je viens de rappeler.

Cette preuve est inscrite sur les Registres d'une Cour Souveraine, et la plus célèbre entre toutes. Le Parlement de Paris, avant le Résultat du Conseil du 27 Décembre, parut inquiet du mouvement intérieur dont il étoit témoin ; on le vit même effrayé du soulèvement de l'opinion contre lui ; et, attribuant l'irritation publique à son très-petit mot en recommandation des formes de 1614, il crut nécessaire de déclarer que la réserve, placée dans un de ses enregistremens, n'avoit aucune application à la fixation du nombre respectif des Députés des trois Ordres. Voici ses propres paroles : « A l'égard du nombre, celui des Députés » respectifs *n'étant déterminé par aucune » loi, ni par aucun usage constant pour au- » cun Ordre*, il n'a été ni dans le pouvoir, » ni dans l'intention de la Cour d'y suppléer ; » ladite Cour ne pouvant sur cet objet que » s'en rapporter à la sagesse du Roi, sur les » mesures nécessaires à prendre pour par- » venir aux modifications que *la raison*, *la » liberté*, *la justice et le vœu général* peu- » vent indiquer ».

L'explication du Parlement fut solemnelle ; une délibération des Chambres assemblées l'avoit précédée, et le Premier Président fut chargé de la porter au Roi.

On crut, dans le tems, que le Parlement étoit informé des dispositions du Monarque, et qu'il vouloit prendre rang le premier dans la faveur de la Nation. Qu'importe ? Sa démarche n'est pas moins remarquable, elle sert de preuve à deux vérités que j'ai soutenues ; l'une que l'opinion publique exigeoit alors les plus grands ménagemens ; l'autre que, selon le sentiment professé par la première des Cours Souveraines, le Gouvernement ne viola ni les loix ni les usages du Royaume en réglant, comme il le fit, le nombre respectif des Députés des trois Ordres. Le Parlement aussi se seroit-il trompé ? ou l'esprit de parti formeroit-il, pour la première fois, la seule Autorité à laquelle on dût se fier ?

Non, le Parlement de Paris eut raison de penser que même une imitation littérale des anciens Etats-Généraux n'entraînoit pas la nécessité d'une proportion fixe et toujours semblable, dans le nombre respectif des Députés des trois Ordres..

C'est ordinairement le plus ancien type qui constitue, en fait d'usages, la règle dominante ; ainsi la proportion respective des Députés des trois Ordres devroit émaner d'un Réglement de Philippe-le-Bel, ou du modèle qu'il donna, en rassemblant le premier des Etats-Généraux en trois Ordres, après l'abolition du régime féodal. Ces notions ne nous ont été transmises par aucune annale ; mais elles nous seroient parvenues, qu'on n'auroit pu les recevoir pour guides en 1789. Le Tiers-Etat, évidemment, ne devoit-il pas avoir plus de Députés de nos jours, qu'au tems où les Bourgeois des Villes étoient les seuls affranchis, et où les habitans des campagnes, encore dans la servitude, composoient une des propriétés des Seigneurs, sous le nom de *Gens de Corps*, *Gens de Pouesle*, *Gens de Morte Main* ? et telle étoit leur condition à l'époque des premiers Etats-Généraux sous Philippe-le-Bel.

Voudroit-on remonter moins haut dans ces recherches ? ce seroit reconnoître la nécessité d'étudier la différence des tems, et l'imitation servile du passé ne paroîtroit plus ainsi la loi souveraine.

On seroit alors obligé d'apprécier les changemens considérables survenus dans l'intervalle de deux siècles, et depuis l'époque des derniers Etats-Généraux en 1614. Le Tiers-Etat, par exemple, n'avoit-il pas acquis des droits à une Députation plus nombreuse, lorsque l'industrie Nationale et l'activité du commerce étoient parvenues au plus haut période, et valoient au Royaume la moitié de l'or et de l'argent qui servent à solder annuellement les échanges du Monde ? Le Tiers-Etat encore n'avoit-il pas acquis des droits à une Députation plus nombreuse, lorsque l'éducation, compagne de la fortune, avoit généralisé les lumières et les connoissances, et lorsque tous les Citoyens indistinctement avoient acquis une part indirecte aux revenus des terres, à la faveur des nouveaux genres de propriétés que l'accumulation progressive des richesses numéraires et l'immensité de la dette publique avoient introduits et multipliés ?

La plupart des usages ne sont que des résultats figuratifs de la plénitude des circonstances ; ainsi lorsque le temps altère par ses révolutions les rapports essentiels de la société, persister alors également dans toutes les anciennes pratiques, c'est abandonner l'esprit pour la lettre, c'est croire encore à la vérité de l'image quand l'original est changé.

JE finirai cette discussion par une considération importante, et qui n'a jamais été remarquée. Le Roi, dans la désignation du nombre des Députés, dans cette désignation qu'il faisoit aux Bailliages par ses Lettres de convocation, exerçoit une Autorité de simple direction, et non une Autorité dont il pût assurer le maintien ; car il appartenoit aux trois Ordres, dès qu'ils étoient réunis, d'approuver ou de rejeter les titres d'élection ; et l'on a vu distinctement le système des Etats-Généraux sur ce point, lorsque les trois Ordres, ensemble et séparément, refusèrent au Monarque en 1789 le droit de décider, même par appel, de la validité des Pouvoirs donnés par les Bailliages.

Ainsi, dans un Gouvernement Représentatif, où le nombre général, le nombre respectif des Députés n'auroit jamais été fixé par une Loi Nationale, le Monarque ne pourroit suppléer à cette imperfection politique que dans la mesure de son ascendant, et selon le degré de déférence qu'on auroit pour lui au moment des élections ; car les Représentans de la Nation une fois rassemblés, le Pouvoir Législatif commence, et le Chef de l'Etat voudroit en vain régler, de sa seule autorité, les différentes controverses auxquelles le fait des élections donne naissance.

Tels étoient les rapports du Gouvernement François avec les Etats-Généraux ; et comme il importoit à la Majesté du Trône que les limites de la prérogative Royale restassent dans l'obscurité, on agissoit habilement en fixant le nombre général et le nombre respectif des Députés, dans une mesure et dans une proportion qui pouvoient assurer l'appui de l'opinion aux décisions du Gouvernement.

Ici l'on entendra dire à quelques personnes : Nul ménagement n'étoit nécessaire en fixant le nombre des Députés du Tiers-Etat selon le vœu des deux premiers Ordres, nulle difficulté n'étoit à craindre ; la majorité des Notables en avoit donné le conseil, et leur avis imposant auroit servi d'égide au Gouvernement.

Comment croire à la bonne foi de ceux qui tiennent un pareil langage, à moins de leur supposer, ou la plus grande légéreté, ou le plus parfait oubli des circonstances passées ! Le sentiment de la majorité des Notables suffisoit, pour sanctionner les diverses dispositions sur lesquelles l'esprit public ne s'étoit pas encore déclaré ; mais elle n'étoit d'aucune autorité dans une question dont l'opinion Nationale s'étoit emparée. Et comme cette même question étoit un sujet de conflit entre les trois Ordres, l'Assemblée des Notables, composée presqu'en entier de Prélats, de Grands Seigneurs et de Nobles, ne pouvoit pas donner à sa décision le respectable sceau de l'impartialité (1).

Enfin, il étoit connu que le premier Bureau des Notables avoit été favorable au vœu du Tiers-Etat ; que plusieurs personnes encore, et des plus distinguées par leur rang et par leur naissance, avoient fait partie de la minorité dans d'autres Bureaux ; et l'on citoit par-tout que MONSIEUR, frère du Roi, avoit déclaré dans son avis, qu'il croyoit juste et raisonnable d'accorder au Tiers-Etat autant de Députés qu'aux deux premiers Ordres réunis.

---

(1) Cette Assemblée étoit composée de
7 Princes du Sang,
15 Archevêques ou Evêques,
38 Hommes titrés,
12 anciens Ministres ou Conseillers d'Etat,
38 Membres des Cours Souveraines,
16 Députés des Pays d'Etats. Tous, un ou deux exceptés, Ecclésiastiques, Gentilshommes & Anoblis.
1 Le Lieutenant Civil,
25 Chefs Municipaux des Villes. Tous, à quatre ou cinq près, Nobles ou Anoblis.

Que pouvoient signifier près de ces circonstances et le compte des voix et le calcul des suffrages ? Un résultat en majorité, dans une assemblée de cent cinquante personnes, n'étoit visiblement d'aucun poids, mis en balance avec cette masse formidable d'opinions et de volontés qui prenoit chaque jour un nouvel accroissement (1).

Les Notables se séparèrent avant d'avoir pu connoître l'espèce d'explosion que produisit leur avis, relativement au nombre des Députés des trois Ordres ; et probablement elle eût fait sur eux la même sensation que sur le Parlement de Paris, s'ils en avoient été les témoins. Je doute même, et avec de bonnes raisons, que la majorité des Notables eût été contraire au vœu du Tiers-Etat, si le Gouvernement avoit cherché à travailler leur opinion ; mais le Roi voulut qu'on s'en abstînt : il me le témoigna du moins, et je fais connoître ici, pour la première fois, le motif de

(1) On remarqua dans le tems, que, malgré la composition toute Nobiliaire des Notables, dix voix tournées auroient *suffi pour donner* à *l'avis* de Monsieur autant de Bureaux qu'à l'opinion contraire. Le calcul est facile à faire. Il y avoit six Bureaux : le premier, celui de Monsieur, se montra favorable au Tiers-État, et aux deux suivans la minorité dans chacun fut de huit contre seize.

Qu'eût-ce été si l'Assemblée des Notables eût été composée, au tiers seulement, d'hommes choisis dans les Communes ?

la réserve que j'observai constamment avec les Notables ; réserve dont les uns me faisoient un tort, et les autres un mérite. J'ajouterai seulement, que la recommandation du Roi ne me parut pas contraire à ses intérêts. On se donnoit le tems de voir le cours de l'opinion publique, d'observer ses progrès et de juger de sa force ; et le Conseil laissant agir les Notables, sans s'associer à leurs délibérations, ménageoit au Roi l'occasion de faire un peu plus qu'eux en faveur du Tiers-Etat, et d'acquérir ainsi, s'il le vouloit, s'il y étoit appelé par les circonstances, un titre plus formel à la reconnoissance de la plus grande partie de la Nation.

On a demandé pourquoi le Gouvernement, en s'écartant de l'avis des Notables sur le nombre des Députés du Tiers-Etat, a respecté leurs autres conseils, et n'a pas imposé, contre leur opinion, la nécessité d'une propriété et d'une propriété importante aux Représentans des trois Ordres ; condition qui auroit éloigné les Curés des Etats-Généraux et qui auroit obligé les Communes du Royaume à déposer leurs intérêts en de meilleures mains ? On ajoute, mais par simple présomption, que les Notables n'auroient pas rejeté cette condition, n'auroient pas détourné le Conseil de l'adopter, s'ils eussent imaginé que le nombre des Députés du Tiers-Etat seroit mis en parité avec le nombre des Députés des deux premiers Ordres.

Tout est fiction dans cette présomption. Les Notables n'ont point uni ensemble, n'ont point examiné d'une manière parallèle, les questions relatives au nombre respectif des Députés des trois Ordres et aux conditions qu'on pouvoit imposer à la Représentation Nationale; mais ils l'eussent fait, qu'une telle marche de leur part n'auroit ni changé ni dû changer les mesures adoptées par le Gouvernement.

Le Roi pouvoit sans inconvénient s'écarter de l'avis des Notables, dans une question où leur avis étoit en opposition avec le vœu National.

Il ne le pouvoit pas, dans une question où leur avis étoit conforme à ce vœu.

Jamais on n'avoit imposé la preuve d'une propriété aux Députés du Tiers-Etat et aux Députés de l'Eglise, et les Notables sanctionnèrent d'un commun accord cet ancien usage. Ils rejetèrent de même toute espèce d'entrave dans les élections des Députés de la Noblesse.

Ces trois votes se fortifioient l'un par l'autre; car l'on ne pouvoit évidemment assujettir l'Ordre du Tiers-Etat à une règle dont on affranchissoit les deux autres

Ordres, et cette liberté, pour tous, étoit si agréable à la majorité de la Nation, que si le Gouvernement eût essayé d'y apporter des restrictions, il auroit compromis son autorité. Et l'on doit rapporter à cette réflexion ce que j'ai déjà dit sur l'impuissance où étoit le Monarque d'écarter les Députés d'aucun Ordre, lorsque rassemblés en Corps Législatif, leur titre d'élection étoit admis par les Etats-Généraux eux-mêmes.

Il n'est pas indifférent néanmoins d'indiquer pourquoi les élections du Tiers-Etat, en particulier, ne pouvoient pas être assujetties à une preuve de propriété. Cet éclaircissement, qui n'a jamais été donné, servira de réponse en même tems à la censure sévère de plusieurs Ecrivains étrangers. Ils ont presque tous confondu les Communes de France avec les Communes d'Angleterre, et ils ont ensuite accusé le Gouvernement de n'avoir pas senti que la qualité de Propriétaire et de Propriétaire territorial devoit être étroitement unie au droit de Représentation politique.

Mais falloit-il croire qu'une vérité si simple n'eût pas été connue du Gouvernement et des Notables qu'il avoit assemblés ?

Les Communes d'Angleterre présentent aux choix des Electeurs tous les Propriétaires du Royaume, excepté les Pairs. Et dans l'ancienne France ce n'étoit pas seulement les Pairs qui étoient hors des Communes, mais encore tous les Nobles, même les plus modernes.

Cette différence entre les deux Pays devoit être connue des Ecrivains étrangers; mais ils ont pu ignorer une disposition fiscale qui avoit toujours éloigné les Roturiers riches de se rendre Propriétaires de Biens territoriaux.

Ces Biens, entre leurs mains, étoient soumis à deux tributs humilians et propres à rappeler sans-cesse l'infériorité de leur naissance; l'un étoit la *Taille*, impôt si connu par son nom et par la haine des campagnes; l'autre un droit appelé de *Franc-Fief*, et qu'on exigeoit de tous les Roturiers lorsqu'ils prenoient la liberté d'acheter une Terre Seigneuriale. Aussi, parmi eux, les hommes riches, les hommes aisés et qui tenoient de leur éducation un sentiment naturel de fierté, évitoient-ils en général de se rendre Propriétaires de Terres, avant l'époque où quelque Charge les avoit anoblis; mais, dès ce moment-là, ils n'étoient plus compris dans le Tiers-Etat. Aussi, la grande participation des Communes à la possession des Biens fonds dérivoit-elle de cette immensité de petites propriétés rurales, l'héritage ou l'acquê:

des Paysans et des petits Bourgeois, encore loin les uns et les autres des idées de parallèle et des sentimens qui en résultent.

On auroit donc exclu de la Représentation Nationale les Roturiers les plus instruits et les plus marquans dans l'ordre social, si l'on avoit exigé, comme en Angleterre, une propriété territoriale de la part des Députés à la Chambre des Communes.

Ne pouvoit-on pas, dans cette situation particulière à la France, attacher le droit de Représentation à une mesure de richesse mobiliaire, fixe et déterminée ?

On ne le pouvoit pas non plus, car il n'existoit en France aucune contribution propre à marquer les degrés de ce genre de fortune.

Le seul impôt qui auroit pu servir de guide dans une appréciation, c'étoit la Capitation; mais dès longtems on avoit renoncé à la répartir selon l'esprit de son institution, tant on avoit éprouvé de difficultés à la régler sur une échelle spéculative des revenus et des profits de tous les Tributaires. On s'étoit donc déterminé à la réunir dans les campagnes à l'impôt de la Taille, tandis que, dans les Villes, on l'avoit tariffée en raison des charges, des états et des professions.

Enfin, la Capitation n'étoit pas établie

dans tout le Royaume, et un grand nombre d'abonnemens, contractés avec les Provinces et avec des Corporations, ne permettoient plus de distinguer les premiers indices que cette taxe avoit donnés sur la différence des fortunes.

Un impôt de ce genre, et qui doit par conséquent se rapporter au connu et à l'inconnu, au certain et au vraisemblable, ne pourra jamais subsister que dans les petites Républiques, encore dans leur bel âge et aux premiers tems de leur vertu.

Il n'étoit pas indifférent d'expliquer aux étrangers, par quelles raisons la propriété territoriale ou mobiliaire n'auroit pu fixer le droit de Représentation dans l'Ordre du Tiers-Etat. Il eût fallu pour rendre cette innovation particable dans une Monarchie telle que la France, la préparer longtems à l'avance. On auroit ouvert l'accès des propriétés territoriales à tous les Roturiers, en abolissant les impôts humilians qui servoient à repousser, de cette sorte d'acquisition, les hommes du Tiers-Etat susceptibles de quelque sentiment d'élévation; ou si l'on eût voulu se contenter de requérir la preuve d'une propriété mobiliaire, on auroit essayé de connoître, et par théorie et par une longue expérience, s'il étoit un moyen de distinguer la mesure des fortunes qu'aucun type certain ne signaloit.

Je présente ici des observations nouvelles pour les François eux-mêmes, car aucune n'a été saisie dans le tems où l'on s'occupoit de ces questions. Le mouvement politique a été tellement accéléré, et de si bonne heure, que pour se trouver à tems sur la ligne des événemens, on s'est chargé légérement de pensées et de réflexions. On mettoit une ou deux idées dans son petit bagage, et l'on faisoit route ainsi, sans vouloir jamais y ajouter aucun supplément.

Les Notables ne firent pas attention aux difficultés que je viens d'expliquer; mais ayant été conduits à un même résultat par leur obéissance aux anciens usages, ils approuvèrent, ainsi que je l'ai dit, l'absolue liberté d'élection dont le Tiers-Etat avoit joui de tout tems. Et l'on doit observer, qu'une condition de propriété auroit apporté peu de changemens à la composition du troisième Ordre aux Etats-Généraux, puisque la mesure de cette propriété n'auroit pas excédé la fortune de la grande pluralité des Députés des Communes.

On apperçoit moins facilement le motif qui engagea les Notables à désapprouver l'habitude où étoit autrefois l'Ordre de la Noblesse de choisir ses Représentans parmi les Propriétaires de Fiefs. Il est vrai que la constance de cette habitude étoit devenue un sujet de controverse, comme tant d'autres particularités relatives à l'ancienne formation des Etats-Généraux. Et la haute Noblesse, qui voyoit en 1789 un si grand nombre de Fiefs entre les mains de la Noblesse moderne, devoit désirer que cette possession ne fût pas un titre exclusif d'élection. Elle aimoit mieux alors compter sur la considération attachée aux noms et à l'éclat des familles, et elle espéroit qu'à la faveur de ce genre de distinction, les cadets des bonnes Maisons, sans être possesseurs de Fiefs, obtiendroient beaucoup de suffrages.

Quoi qu'il en soit, l'opinion des Notables s'écartant des idées de féodalité, devoit réunir en sa faveur le vœu de la Nation; et si le Gouvernement avoit eu le dessein d'agir dans un sens opposé, il n'auroit pas réussi. On représentoit d'ailleurs au Roi que l'ancienne Noblesse, propriétaire ou non, auroit plus que la nouvelle des liens de gratitude ou d'espérance avec le Prince et avec sa Cour; et dans un temps où la magie des noms subsistoit encore, c'étoit une vue politique de ménager à l'Ordre de la Noblesse tout le relief que l'opinion pouvoit lui donner.

On demandera maintenant, pourquoi l'on n'a pas, du moins, circonscrit le droit de représenter le Clergé, dans le cercle des Bénéficiers d'une certaine fortune et d'une certaine classe ? La réponse à cette question seroit infiniment simple. Il étoit impossible aux Notables de proposer des distinctions parmi les Ecclésiastiques, tandis qu'ils n'en admettroient aucune pour la Noblesse et pour le Tiers-Etat, et ils crurent, avec raison, que le même principe devoit servir de régulateur à la Députation des trois Ordres.

Ils virent de plus que le choix des Ecclésiastiques n'avoit jamais été restreint, et ils savoient que l'uniformité des privilèges et l'esprit de Corps entre les divers Membres du Clergé avoient inspiré, dans toutes les classes, le même zèle pour la cause commune.

Nul intérêt particulier ne détermina les Notables à l'avis qu'ils embrassèrent, car aucun Bénéficier du second ordre n'étoit Membre de leur Assemblée; tandis que plusieurs Prélats du plus haut rang, non-seulement en faisoient partie, mais y jouissoient encore d'un grand crédit. Ils ne prévirent point que de simples Curés auroient une si grande part aux élections; mais ils l'auroient prévu, que difficilement auroient-ils pu demander des distinctions et des exceptions, particulières uniquement aux Ecclésiastiques.

Le Conseil adopta le sentiment des Notables, et après avoir partagé l'opinion des principaux Chefs de l'Eglise sur l'issue des élections, après s'y être associé, il fut surpris, comme eux, du nombre de Curés qui avoient obtenu dans les Diocèses une supériorité de suffrages.

Le Conseil en l'apprenant n'en fut point effrayé. Je ne le fus pas du moins, et il est mieux de parler de soi seul quand nulle action, nulle délibération ne peuvent faire preuve de l'opinion d'autrui. On va juger des motifs qui dirigeoient la mienne, ils méritent quelque attention par leur rapport avec des idées générales d'une grande importance.

L'ÉTAT des affaires, le mouvement des esprits, le sentiment que le Tiers-Etat avoit de ses forces et les avertissemens qu'on lui donnoit à cet égard par de nombreux Ecrits, toutes sortes de notions enfin me persuadoient chaque jour un peu plus, que la Nation entière alloit prendre part aux grandes délibérations des Etats-Généraux, et je présumois déjà, qu'au milieu des combats d'autorité dont on appercevoit les avant-coureurs, le triomphe appartiendroit au meilleur allié de l'opinion publique. Ainsi le nombre des voix, à la dévotion du Gouvernement dans les Etats-Généraux, me paroissoit moins important pour lui que le nombre de ses partisans dans la Nation, et, en suivant cette idée, je pensois que la partie des Curés, appelée aux Etats-Généraux par l'événement des élections, seroit un lien de plus entre le Prince et le Peuple.

Les Membres du haut Clergé présentoient à l'Autorité Royale des amis éprouvés; mais la voix des Ecclésiastiques d'un Ordre inférieur, cette voix moins suspecte et plus écoutée, pouvoit réunir à elle et rassembler, dans le Royaume, une grande quantité de suffrages. On est parvenu sans doute à détruire jusques au crédit des Pasteurs placés le plus près des opinions et de la conscience du Peuple; mais ce crédit a été le dernier renversé, et les moyens extraordinaires dont on a fait usage pour en saper les fondemens, consacrent encore aujourd'hui son existence et son ancienne force.

Les Curés, Députés aux Etats-Généraux, témoignèrent de bonne heure aux Ministres du Roi leur dévouement à l'Autorité Royale;

et ils avoient tant de rapports de dépendance avec elle, et par leur modique fortune et par leurs vœux et par leurs espérances, qu'on ne pouvoit douter de la réalité de leurs dispositions.

Sans-doute le moment est venu où beaucoup d'entr'eux ont changé de route; mais l'altération de leurs sentimens, la déviation de leur conduite, ont été le résultat des grands événemens et des fautes majeures dont je rendrai compte dans la suite de cet ouvrage.

Au reste, la petite digression, dans laquelle je viens de m'engager, ne doit point laisser conjecturer que le Gouvernement avoit cherché à favoriser l'élection des Ecclésiastiques du second Ordre.

Je déclare au contraire que les Ministres du Roi, dans la mesure de leurs moyens et autant qu'ils le purent avec sagesse, cherchèrent à diriger les suffrages des Ecclésiastiques vers les hommes les plus distingués de leur Ordre; et les seuls alors généralement connus occupoient les premiers rangs dans le Clergé.

Le Roi désiroit, avec un intérêt digne d'éloges, de voir appellés aux Etats-Généraux, les hommes les plus distingués dans les trois Ordres et par leur caractère et par leur probité. Et si dans un parti, dans un Ordre de Censeurs auxquels le malheur a donné tant de droits, on avoit pu conserver un jugement impartial, on auroit au moins relevé favorablement l'intention qu'avoit eue le Monarque, en autorisant les trois Etats à choisir des Députés dans un Ordre différent du leur. Ce n'étoit pas l'avis des Notables; et cependant cette liberté fit entrer dans la Chambre du Tiers un grand nombre de Nobles, un grand nombre d'hommes destinés à le devenir ou par leurs Charges ou par les Offices de leurs pères et un grand nombre encore de privilégiés à différens titres; tandis qu'aucun Roturier, comme on ne pouvoit en douter, ne fut nommé Député que par les siens.

Choix de Versailles pour la tenue des Etats.

Le Roi fixa le rassemblement des Etats-Généraux à Versailles, et tout le monde alors approuva sa détermination. C'est après des événemens, hors de toute attente, qu'on a demandé si l'on n'auroit pas mieux fait de réunir les Députés des trois Ordres à une distance de Paris beaucoup plus grande. Mais, au commencement de 1789, on craignoit uniquement les dispositions des Provinces contre les nombreux Créanciers de l'Etat, et l'on ne cessoit de dire que l'opinion de Paris pouvoit seule servir de sauve-garde à la dette publique. Le Gouvernement témoin de ces inquiétudes devoit-il s'y montrer indifférent ? Etoit-ce d'ailleurs une chose simple que de transporter le siège de l'Administration à cinquante lieues de la capitale, dans un tems où la pénurie du Trésor Royal et les signes alarmans d'une grande disette, exigeoient une assistance journalière au lieu central des ressources et des gens d'affaires.

Les derniers Etats-Généraux en 1614 s'étoient tenus à Paris (1). Louis XVI devoit-il montrer plus de défiance que Marie de Médicis ? Le devoit-il au milieu des profusions d'amour et de reconnoissance qui lui venoient de la part du Tiers-Etat ? Les lettres adressées dans ce tems-là et au Monarque et à ses Ministres témoigneroient, encore aujourd'hui, du dévouement sans bornes dont les Villes et les Communautés faisoient alors profession et pour le Prince et pour le Gouvernement.

Je n'ai point oublié qu'à mon retour au Ministère en 1788, le Roi, personnellement offensé de la conduite de la Noblesse de Bretagne, croyoit devoir fortifier son autorité de l'attachement du Tiers-Etat.

(1) Ce fut le séjour de Louis XI et de son Successeur au château du Plessis-les-Tours qui décida la convocation des Etats dans la Ville de Tours, vers la fin du XVe. siècle. Tous les précédens, à une exception près, avoient été rassemblés à Paris.

Etoit-ce

Etoit-ce un sentiment si nouveau de la part des Monarques François ? Etoit-ce le Tiers-Etat qui les avoit réduits à être, aux derniers tems de la seconde race, des Rois sans domination et de simples Seigneurs de Soissons, de La Fère et de Laon ? Etoit-ce le Tiers-Etat qui les avoit obligés, durant trois siècles, à partager leur Autorité avec tous les feudataires de la Couronne ? Et ne devoient-ils pas à l'appui des Communes la reprise de leur Pouvoir et le rétablissement de leurs droits ? Cet appui ne leur fut-il pas encore nécessaire, pour réprimer de nouvelles usurpations, pour étouffer entièrement le germe renaissant de l'ambition des Grands et pour éteindre une espérance dont on apperçut les derniers vestiges sous Henri IV, lorsque le Duc de Montpensier vint demander au Roi de rétablir, en faveur des Gouverneurs de Province, l'ancienne Constitution féodale ? Louis XI ne disoit-il pas sans-cesse, *qu'il préféroit l'attachement des Bourgeois à la foi douteuse des Grands* ? et ce Prince, qui relevoit en toute occasion le Tiers-Etat, a-t-il laissé la réputation d'un Monarque inexpert en autorité ? Le principe de la Souveraineté du Peuple, par qui fut-il mis en avant pour la première fois ? Les monumens de l'Histoire n'en accusent pas le Tiers-Etat, mais les Princes Lorrains, qui vouloient donner de la puissance au vœu de la Nation, et se servir de ce vœu pour commencer une nouvelle Dynastie. Enfin, nous resserrant dans les Etats-Généraux de 1614, est-ce le Tiers-Etat qu'on y vit occupé de soutenir l'autorité suprême de l'Eglise et de rendre au souverain Pontife le droit de disposer des Couronnes ? Non, sans-doute, et tandis que le Clergé proposoit, adoptoit ces principes, tandis que l'Ordre de la Noblesse avoit la foiblesse d'y adhérer tacitement, les Députés du Tiers-Etat y opposoient une résistance inébranlable. Et voici littéralement les maximes mémorables qu'il professa dans cette Assemblée Nationale, la dernière de toutes avant 1789.

« Que pour arrêter le cours de la perni-
» cieuse doctrine qui s'introduit, depuis
» quelques années, contre les Rois et Puis-
» sances Souveraines établies de Dieu, par
» des esprits séditieux qui ne tendent qu'à les
» troubler et subvertir, le Roi sera supplié
» de faire arrêter en l'Assemblée de ses
» Etats, *pour loi fondamentale du Royaume*,
» qu'il soit inviolable et notoire à tous, que
» comme il est reconnu Souverain en son
» Etat, ne tenant sa Couronne que de Dieu
» seul, il n'y a Puissance en Terre, quelle
» qu'elle soit, spirituelle ou *temporelle*,
» qui ait aucun droit sur son Royaume,

» pour en priver les Personnes sacrées de » nos Rois, ni dispenser ou absoudre leurs » sujets de la fidélité et obéissance qu'ils » lui doivent, pour quelque cause ou pré- » texte que ce soit. . . . .

» Que l'opinion contraire, même qu'il » soit loisible de tuer ou *déposer* nos Rois, » s'élever et rebeller contr'eux, secouer le » joug de leur obéissance, *pour quelque* » *occasion que ce soit*, est impie, détesta- » ble, contre vérité. . . Que tous livres qui » enseignent telle fausse et perverse opinion, » seront tenus pour séditieux et damna- » bles. . . tous sujets de Sa Majesté qui y » adhéreront, de quelque qualité et condi- » tion qu'ils soient, pour rebelles, infrac- » teurs des lois fondamentales du Royaume...

» Que l'Autorité du Roi soit et demeure » absolue sur tous ses sujets, de quelque » profession qu'ils soient; et soit ce, » *tenu pour loi fondamentale du Royaume*, » que la Personne du Roi *est sainte et in-* » *violable*, auquel est due toute obéissance » et fidélité, sans qu'il soit loisible à au- » cun de ses sujets, de quelque qualité et » condition qu'il soit, Ecclésiastique ou » Séculier, de s'en exempter. . . . . . ».

Telle étoit la croyance du Tiers-Etat en 1614, et tel fut son langage.

Enfin en 1788, et avant les Etats-Généraux, qui prononça le premier le mot de Constitution ? qui l'unit le premier, et si l'on veut d'une manière vague, à la confirmation des impôts, à la stabilité des revenus publics ? Ce fut le grand monde, ce fut l'Ordre de la Noblesse. Qu'entendoit-on ? Où vouloit-on aller ? Personne encore ne le savoit bien, et la tournure des événemens, le mouvement des forces en auroient décidé. Le Tiers-Etat marcha sur cette ligne d'un pas accéléré, mais on ne vit pas moins, dans les instructions données aux Députés des différens Ordres, que l'établissement d'une Constitution avoit été généralement indiqué, comme la condition préalable du consentement aux impôts.

Sans-doute, en Angleterre et sous le règne de Charles I.er, l'insurrection contre la Couronne prit naissance dans la Chambre basse du Parlement; mais, les Pairs seuls en étant exclus, il s'y trouvoit, à l'origine de la Révolution, un mélange de tous les états. Et l'on sait que dans les tems antérieurs l'Autorité Royale s'étoit affranchie, comme en France, du joug des Seigneurs féodaux par l'assistance des Communes.

Il est connu de même que l'inclination et la volonté du Tiers-Etat ont été l'origine de la Puissance Suprême, attribuée aux Rois de Danemark dans l'année 1660. Et l'un des premiers moyens que ses partisans adoptèrent, pour réussir dans leur entreprise, fut de convoquer les Etats-Généraux au milieu de la bourgeoisie de Copenhague, au milieu de la capitale du Royaume, au lieu qu'ils étoient communément réunis à Odensée.

Nous rapprochant encore d'un tems plus moderne, ne voyons-nous pas dans les annales de la Suède, que l'Ordre de la Noblesse n'a pas toujours uni ses intérêts et ses vœux au maintien intégral de l'Autorité Royale. Ce fut cet Ordre qui, par sa prépondérance à la Diète de 1756, excita, dirigea, toutes les attaques contre les prérogatives de la Couronne. On déclara que les Actes des Etats *étoient ou devoient être le bon plaisir du Monarque*. On exigea du Roi son estampille, afin de s'en servir dans les occasions où il refuseroit, où il différeroit d'apposer sa signature aux ré-résolutions du Sénat. On força le Prince de renoncer aux hommes dont il avoit fait choix pour l'éducation de ses enfans. Et par une dureté, sans bienséance, on voulut que la Reine représentât ses diamans aux Commissaires des Etats, afin de juger si la quantité dont on lui avoit fait hommage, de la part du Roi, à l'époque de ses fiançailles, existoit encore en entier. Tous ces procédés offensans et attentatoires à la Majesté Royale, étoient inspirés aux Etats par un Comité secret où les Députés de la Noblesse étoient dominans, et par leur nombre et par leur crédit personnel. Enfin, on se souvient sans-doute que Gustave III dut à l'attachement des Bourgeois et des paysans la réussite ou le maintien de la Révolution qui lui rendit, en 1772, l'Autorité dont son père avoit été dépouillé.

En France aussi la partie nombreuse de la Nation avoit toujours été favorable au Monarque et à son Pouvoir : *Si le Roi le savoit*, étoit le mot du Peuple. Il imputoit ses maux aux ennemis du Prince et à ses mauvais serviteurs; et rempli d'espérance, lorsque les Etats-Généraux furent promis, il se croyoit déjà redevable envers Louis XVI d'un avenir plus heureux.

Cependant, et parmi les autres classes de la société, les ambitions commençoient à se développer. L'époque des Etats-Généraux approchoit, et une agitation universelle rappeloit le mouvement et le trouble d'une Armée, la veille du jour où elle doit changer de position. Le Roi seul, au milieu de la fermentation des esprits, montra cette sérénité qui appartient à des intentions droites et aux sentimens modérés; et tandis que tout le monde étoit occupé d'acquérir, il faisoit la revue des prérogatives auxquelles il pouvoit renoncer sans affoiblir l'autorité nécessaire au Gouvernement, et il se préparoit sans douleur à en faire le sacrifice. Il vouloit, il aimoit le bien avec la simplicité la plus parfaite, et conservant un triste souvenir des traverses qu'il avoit essuyées et des obstacles que l'impéritie de ses Ministres avoit souvent apportés à l'accomplissement de ses vues, il se trouvoit soulagé par la résolution qu'il avoit prise d'appeler à son aide les Représentans de la Nation; et saisissant les espérances qu'on pouvoit attacher à la réunion des Etats-Généraux, il s'occupoit de cet événement avec une douce confiance. Il se faisoit rendre compte fréquemment du progrès des travaux de la Commission qu'il avoit nommée pour concerter et pour diriger la plus importante des convocations. Il cherchoit lui-même, dans les vieilles annales, tout ce qui pouvoit convenir aux circonstances nouvelles. Et peu de temps avant l'ouverture des Etats-Généraux, on lui vit donner une juste mesure d'intérêt aux différentes cérémonies qui devoient rendre éclatante une si glorieuse journée...... Dieu! vers quelle idée sombre, vers quelle image funeste me rejette un pareil souvenir! Infortuné Monarque! Hélas! il a pu dire comme une autre victime:

» Et déjà d'Ilion présageant la conquête,
» D'un triomphe si beau je préparois la fête;
» Je ne m'attendois pas que pour la commencer,
» Mon sang fût le premier que vous dussiez verser!

SECTION II.

ASSEMBLÉE DES ÉTATS.

Réflexions générales.

A l'époque des Etats-Généraux, je ne sais si personne avoit encore réfléchi mûrement sur les diverses conséquences du rétablissement de cet antique usage, au milieu d'un siècle nouveau. L'imperfection originaire des Assemblées Nationales, l'incompatibilité, l'incohérence de leur Constitution avec la situation des affaires, avec les besoins de la France, avec l'esprit du tems, tous ces grands objets de méditation n'étoient encore apperçus que d'un très-petit nombre d'observateurs. On étoit alors séparé, par un long intervalle, des derniers Etats-Généraux. On n'avoit été préparé, ni par aucune pensée graduelle, ni par aucune idée riveraine à étudier leur organisation, à en connoître le défaut; et environnés d'un nuage, pour les hommes du tems présent, ils se présentoient à leurs regards comme ces formes voilées que l'imagination embellit.

Cependant on les vouloit ces Etats-Généraux, on les demandoit, et l'on croyoit, qu'en retournant à d'anciens erremens, on écartoit simplement les intermédiaires et qu'on ne provoquoit aucun changement. Mais en politique, comme en toute espèce de combinaisons dont les rapports varient, il n'y a plus de continuité lorsqu'on rétablit, pour des circonstances nouvelles, une Ordonnance oubliée, une Législation de vieille date. On peut être alors plus remuant, plus systématique, que si l'on adaptoit à ces mêmes circonstances un système absolument inconnu. L'identité de Pays, l'identité de Nation, voilà l'uniformité dont tout le monde est frappé; et l'identité de lumières, de mœurs et de richesses, cette identité, que le tems altère si fortement, cette identité, néanmoins la plus importante de toutes, échappe souvent à l'attention, parce qu'elle ne s'offre point, de la même manière, au jugement et à la perception de nos sens.

Toutes les anciennes Assemblées d'Etats-Généraux, si l'on excepte les tems de faction qui signalèrent la régence de Charles V, toutes ces Assemblées n'avoient jamais été convoquées que du propre mouvement des Monarques François, et ils pouvoient, avec raison, les considérer comme une sorte de Sénat éphémère qu'ils étoient les maîtres de dissoudre à leur volonté. Ils demandoient à ces Etats des subsides extraordinaires, et en échange ils leur permettoient de composer des doléances, dont les Rois différoient l'examen selon leur bon plaisir; et l'on a vu souvent les mêmes réclamations, continuées ou reprises à toutes les tenues d'Etats-Généraux n'y servir que de texte à l'éloquence des Orateurs.

La forme, la composition de ces Etats, tant qu'ils furent ainsi subordonnés à l'ascendant ou à l'autorité du Gouvernement, durent paroître d'une foible importance, et l'étoient en effet. Mais les causes qui avoient entretenu cette dépendance n'existoient plus, et un changement d'une si grande conséquence exigeoit peut-être, à lui seul, de nouvelles combinaisons et de nouvelles pensées.

Le tems n'étoit plus où les Rois, riches de leurs Domaines particuliers et des différens droits qui en faisoient partie, n'avoient à demander aux Etats-Généraux que des supplémens de revenus infiniment circonscrits. Louis XVI jouissoit à peine de dix millions de revenus, en bois, en fermages ou en droits attenans à sa suzeraineté féodale; et c'étoit pour la somme entière des dépenses publiques, pour la somme entière des intérêts attribués à une dette immense, qu'il se trouvoit dant la nécessité de recourir aux concessions des Etats-Généraux; nécessité qui fut décidée par une résolution des Cours Souveraines, et au moment où le Parlement de Paris se déclara dans l'impuissance légale d'enregistrer, dorénavant, aucun impôt et aucun emprunt.

Une détermination pareille, une nouveauté si étrange ne pouvoient manquer d'entraîner les plus grandes conséquences.

Quel crédit, quelle puissance ne devoient pas obtenir les Députés du Tiers-Etat, les Représentans du plus grand nombre des Contribuables, lorsqu'ils étoient appellés à délibérer sur toutes les conditions et sur tous les motifs d'un sacrifice annuel de cinq cents millions!

Le Clergé de France, à l'époque où toutes les superstitions se réunissoient aux idées religieuses pour élever et pour soutenir sa suprématie, la Noblesse, au tems où elle recevoit encore le reflet de toute la considération dont le Gouvernement féodal l'avoit environné; ces deux Ordres enfin, dans la splendeur de leur grandeur passée, s'ils eussent été appelés à délibérer, avec le Tiers-Etat, sur la forme, le mode et la répartition d'une contribution immense, n'auroient jamais pu conserver leur ascendant et leur autorité. On devoit encore moins en concevoir l'espérance, lorsque la supériorité des deux premiers Ordres sur le troisième avoit absolument changé de proportion ; vérité majeure, et dont le développement importe à tout ce que nous avons déjà dit, à tout ce qui nous reste à dire.

Le Tiers-Etat avoit eu le tems d'oublier ce qu'il étoit encore au commencement du quatorzième siècle : il ne faut pas un si long intervalle pour se faire à une nouvelle situation ; et on la croit aisément raisonnable et naturelle, lorsque l'antécédente paroît évidemment injuste et oppressive.

Le Commerce d'ailleurs, dont la création, dont les progrès du moins touchent aux tems modernes, avoit encore changé la consistance sociale du Tiers-Etat : cet Ordre se trouvoit lié, par ses talens et par son industrie, à l'accroissement des richesses Nationales, et il entendoit dire sans-cesse, que ces ricchesses étoient le fondement de la puissance politique. Son esprit aussi s'étoit éclairé et par l'habitude des combinaisons et par une éducation devenue chez tous les Peuples le partage commun de la fortune. Enfin, on ne doit point oublier que le Tiers-Etat venoit d'être appelé, d'une manière marquante, aux fonctions administatives par son admission, à moitié nombre, dans les Assemblées Provinciales étendues à tout le Royaume sous le Ministère de M. l'Archevêque de Sens; et ses talens, ses lumières, ainsi que la sagesse de sa conduite, lui avoient acquis une grande considération.

Le Tiers-Etat, relevé dans l'opinion et dans la réalité, n'avoit donc aucune ressemblance avec le Tiers-Etat, tel qu'il étoit, au tems où il reparut pour la première fois dans les assemblées Nationales, après la destruction ou la décadence du Gouvernement féodal.

Et sans prendre si haut le point de comparaison, mais en le fixant aux Etats de Paris sous Louis XIII, je demande si dans les simples rapports de l'esprit et du talent, on peut mettre sur la même ligne les Orateurs les plus renommés du Tiers-Etat en 1614, et les Orateurs de cet Ordre qui se sont fait remarquer à l'Assemblée Nationale de 1789 ? Que l'on compare seulement, avec les discours sages et bien ordonnés de MM. Mounier, Thouret et Barnave, les harangues de Savaron et de Rapine, de deux hommes principaux aux Etats de 1614, et qui ont perpétué leur nom par des Ecrits estimables. Le premier, en qualité de Commissaire du Tiers-Etat à l'Assemblée du Clergé, commence en ces termes un discours préparé : « Je reconnois en moi un défaut que le » Baptême n'a pu laver après ma naissance, » à savoir, un ramage grossier. . . . . . »

L'autre, chargé d'haranguer la Reine Marguerite au nom de son Ordre, débute de la manière suivante :

« Que la Judée avoit cet avantage et » cette prérogative particulière sur toutes » les Provinces du Monde, de nourrir, éle- » ver et faire croître le baume (la plus noble » et riche plante que la terre produise). » Aussi que Dieu avoit doué la France de » cette prérogative singulière, d'enfanter » des Rois éclatans en grandeur, valeur et » magnificence sur tous les Rois de la terre » habitable (desquels elle étoit issue en » droite ligne). . . Que comme le baume » surmonte en suavité d'odeur toutes les » plantes et fleurettes qui naissent au sein » de la terre, qu'ainsi la race très-illustre » des Valois, qui continuoit encore en sa » Personne Royale, avoit surmonté tous les » autres Rois en libéralité et munificence, » qui sont les fleurs les plus suaves et déli- » cieuses que le Peuple chérit et adore. Que » nous la supplions très-humblement nous » permettre que nous pussions recueillir la » liqueur de sa libéralité Royale, à la façon » et manière des excellens Arboristes, qui » se donnoient bien de garde d'approcher le

» fer tranchant du baume pour en tirer la » liqueur, ains usoient du test d'un pot d'ar- » gile ou de verre pour couper doucement » la veine de cette noble plante, afin de » n'effaroucher et rendre craintif l'humeur » précieux qui en distille. »

Sans-doute, en rapprochant 1614 de 1789, pour établir une comparaison entre les Orateurs plébéiens de ces deux époques, il faut assigner une part à l'esprit du tems; mais avec cette réserve, la différence est encore remarquable.

Les deux premiers Ordres cependant, tandis que le troisième s'élevoit et grandissoit, avoient vu décliner leur considération, et ce changement appartenoit à des causes réelles.

Les Prélats du Royaume devoient au respect pour la religion leur principal ascendant, et malheureusement ce respect étoit sensiblement affoibli. Un grand nombre d'entr'eux encore, au lieu de soutenir la dignité de leur état par la rigidité de leurs mœurs, s'éloignoient fréquemment de leurs Diocèses et venoient se mêler à Paris, aux distractions de la société, aux intrigues de l'ambition et à toutes les inquiétudes du monde. Ils laissoient voir ainsi de trop près leur ressemblance avec les autres hommes, et négligeant les premiers cette magie d'opinion qui les avoit si long-tems servis, ils livroient eux-mêmes leur autorité aux doutes et aux attaques du raisonnement, et ils perdoient chaque jour à cette lutte. Cependant, à mesure qu'ils avoient à répondre de leur grande fortune au tribunal des idées communes et par-devant les intérêts terrestres, ils se trouvoient foibles dans leurs moyens de défense; et la pénurie du Trésor Royal, l'immensité des charges publiques, les besoins de l'Etat dirigeant tous les regards sur leurs richesses, ils étoient bien loin, ainsi que tout le Clergé de France, de pouvoir jouer comme autrefois, un rôle dominant dans les Assemblées de la Nation. Entiérement occupés de sauver leur état présent des atteintes de l'envie et des poursuites embarrassantes de l'esprit philosophique, ils pouvoient songer, avec regret, à leur ancienne autorité politique; mais ils étoient trop clairvoyans pour ignorer qu'une grande réserve et la plus attentive circonspection leur étoient devenues nécessaires.

Telle étoit la situation du Clergé de France à l'époque des Etats-Généraux. Tout l'engageoit à soutenir sa seule protection, l'Autorité Royale; mais il n'avoit plus de moyens efficaces pour lui être en aide et pour entraîner, par son opinion et par son exemple, le vœu du Tiers-Etat et la déférence de la Nation.

QUE si nous jetons encore nos regards en arrière, et si nous cherchons à nous former une juste idée de la consistance politique de l'Ordre de la Noblesse, à l'approche et au moment des Etats-Généraux, nous verrons que toujours puissant à la Cour, il étoit néanmoins évidemment déchu de la haute considération dont il avoit joui dans les anciens tems. Les salaires réguliers attachés aux services militaires altérèrent, pour la première fois, ses titres à la reconnoissance publique; mais la grande atteinte portée à son relief et à sa domination date d'un tems plus moderne, et nous pouvons, nous devons peut-être circonscrire nos observations, dans l'intervalle qui s'est écoulé depuis les Etats-Généraux de 1614 jusques aux Etats de 1789.

Le Cardinal de Richelieu, inquiet de la puissance des Grands du Royaume, voulut affoiblir leur crédit politique en les attirant à la Cour. Il y parvint aisément en restreignant les prérogatives des Emplois et des Gouvernemens confiés à l'Ordre de la Noblesse dans les différentes parties du Royaume, et en détruisant graduellement, tous les moyens éclatans de considération qui retenoient les Seigneurs au milieu de leurs Vasseaux et qui les fixoient dans leurs demeures par des liens d'ostentation et de vanité.

Richelieu, ne voulant donner d'autre soutien à la Couronne que le despotisme, cherchoit à tout applanir au-dessous du Trône. Livré d'ailleurs sans partage aux circonstances de son tems, et empressé d'écarter les différentes résistances dont le Gouvernement étoit embarrassé, il n'examina point si le relief et l'ascendant de la Noblesse de France ne seroient pas un jour nécessaires au maintien de l'Autorité Royale. Quoi qu'il en soit, à mesure que les Grands et la première Noblesse, à leur suite, abandonnèrent le séjour des Provinces pour environner assiduement le Monarque et pour solliciter ses graces, leur crédit dans la Nation dut s'affoiblir chaque jour. Ils ne frappèrent plus les regards du Peuple par l'éclat de leur rang, et ils contrarièrent encore ses intérêts, en cessant de disperser leurs dépenses autour des mêmes lieux où leurs vastes revenus se recueilloient. Les habitans des campagnes ne virent plus alors de la grande Noblesse que ses châteaux, ses riches propriétés et ses imprudens Economes. La Noblesse pauvre, insensiblement, fut presque la seule qui resta dans les Provinces; et son orgueil dénué d'éclat, dénué d'aucun crédit, d'aucun moyen de rendre service, ne pouvoit servir d'adoucissement aux divers privilèges dont elle restoit en possession.

Ce n'est pas tout encore. La principale Noblesse de France, la plus voyante au moins, en se cumulant à Versailles, en prenant poste autour des Ministres, s'y tint en observation devant la puissance; et suivant de ses regards tout ce qu'on avoit à donner, suppléant encore de ses idées aux défauts d'apperçus de la part des Dispensateurs des graces, elle se fit répartir successivement une telle quantité de pensions ou d'autres faveurs pécuniaires, qu'elle devint ainsi l'objet de la jalousie du reste de la Nation; et comme la cupidité est un sentiment dont tous les hommes sont également susceptibles, chacun se vit en idée sur la ligne des courtisans, et ce genre de ressemblance se concilioit difficilement avec les habitudes de respect si nécessaires à la séparation des rangs.

Cependant les largesses des Gouvernemens, toujours incertaines par leur nature, engagent ceux qui les poursuivent, à mettre de bonne heure un prix aux espérances; bientôt ils les comptent au nombre de leurs revenus; ils empruntent alors sans être sûrs de rendre, et cette conduite qui les dégrade, altère nécessairement les égards dont ils voudroient encore rester en possession. En général, le goût de l'intrigue et le dépérissement des mœurs, devoient être une suite naturelle du nouveau genre de vie auquel la Noblesse de France s'étoit consacrée. Les graces d'une Cour sont des distributions dévolues à l'art et au talent de plaire, et cette éducation de l'esprit est presque toujours incompatible avec la dignité du caractère. La Noblesse, assouplie par une ambition de tous les momens, a commencé peut-être à baisser dans l'opinion, le jour où obligée d'attacher aux formes une grande importance, elle a fait des superficies une chose sérieuse, et des manières une si haute science. Elle se moquoit, dans son nouvel état et dans sa prétendue perfection, de la rudesse campagnarde du petit nombre de Seigneurs qui vivoient encore dans leurs Terres; mais elle auroit dû regretter les habitudes qui entretenoient cette espèce d'âpreté, si elle eût été jalouse d'un hommage solide, si elle eût bien calculé ses véritables intérêts.

Ainsi, par un seul déplacement, dont Richelieu fut le premier moteur, mais dont d'autres après lui auroient eu peut-être également l'idée, l'Ordre de la Noblesse perdit de sa dignité, perdit de son lustre au milieu de la Nation, et ce fut contre un crédit de Cour qu'on l'obligea d'échanger sa considération politique.

Cependant, tel étoit encore le reflet de l'ancien éclat des Chevaliers François, qu'au milieu des circonstances dont je viens de présenter le tableau, l'Ordre de la Noblesse eût pu conserver un grand ascendant sur les esprits, si l'on n'avoit pas altéré sa composition; mais elle n'étoit plus la même, depuis qu'une agrégation sans fin de nouveaux Anoblis, avoit été le résultat des prérogatives accordées à des emplois municipaux et à des charges vénales. On avoit ainsi mis en trafic la plus ancienne et la plus honorable des décorations; et si ce commerce, introduit par les besoins de l'Etat, n'avoit pas effacé le lustre des grandes familles, il avoit terni l'éclat de la Noblesse considérée comme un Ordre politique, puisque, sous cette forme conventionnelle, les Nobles de race et les Anoblis sont égaux en droits de suffrage. On ne peut déterminer le nombre des nouveaux figurans dans cette association, parce qu'on n'a jamais eu d'intérêt à le connoître; mais je n'en doute point, près de la moitié de l'Ordre de la Noblesse, tel qu'il existoit à l'approche des derniers États-Généraux, étoit composée de familles Anoblies, depuis deux siècles, par des charges de Conseillers aux Parlemens, de Conseillers à la Cour des Aides, d'Auditeurs, de Correcteurs et de Maîtres des Comptes, de Conseillers au Châtelet, de Maîtres des Requêtes, de Trésoriers de France, de Secrétaires du Roi du grand et du petit Collège, et par d'autres charges encore, comme aussi par des places de Capitouls, d'Echevins, et par des brevets émanés de la faveur des Rois, des Ministres et des Premiers Commis.

On doit ajouter encore à tous ces jets de Noblesse moderne, les droits acquis par une certaine suite de services militaires, combinés avec la nature des grades. Le titre étoit plus analogue aux premières idées de Chevalerie, mais il affilioit cependant à l'Ordre de la Noblesse, beaucoup d'hommes dont le nom continuoit d'être porté par de simples Bourgeois, et sous ce rapport l'éclat de cet Ordre étoit encore atténué.

Cependant la plupart des institutions dont je viens de parler n'étoient pas anciennes. La Noblesse fut attribuée, pour la première fois, aux Offices de Magistrature en 1644, sous le Ministère du Cardinal Mazarin, et les mêmes prérogatives furent successivement accordées, mais avec de certaines restrictions, à des Charges et à des Fonctions publiques d'une moindre importance.

On s'étonnera peut-être que Louis XIV, ce Monarque si glorieux, ait toléré cette sorte de profanation d'une distinction destinée à servir d'accompagnement à la Majesté du Trône ; mais ce fut par la haute idée de sa grandeur qu'il y fut indifférent. Le même Roi qui défendit aux Parlemens de lui faire aucune remontrance avant d'avoir enregistré ses Edits, et qui fut obéi, étoit loin de songer à rassembler jamais des Etats-Généraux; et dès que la Noblesse disparoissoit de sa pensée, sous le rapport d'un Ordre politique, il devoit considérer les nouveaux parvenus à cette distinction, comme de simples affranchis de taille personnelle, et il lui suffisoit d'établir et de conserver les distances entre les races, par la Législation des honneurs de la Cour, par le Code des Présentations, des admissions dans les Carosses, des entrées de la Chambre, des Titres, des Rubans et des Tabourets.

Louis XV adopta les mêmes opinions, suivit la même marche, et à ses yeux, comme aux regards de son Prédécesseur, il y eut toujours deux sortes de Noblesse dont la ligne de séparation étoit évidemment tracée.

Mais plus l'opinion se fixoit ainsi, et à la Cour et à la Ville, moins les familles anoblies pouvoient s'élever en considération. Et certes rien n'eût été plus indifférent pour l'Etat, si la Noblesse eût dû rester constamment une simple distinction honorifique; mais l'aspect n'étoit plus le même au moment imprévu, où cette distinction devoit servir à rallier, en un seul Corps politique, les membres de la société qui en étoient revêtus. Dès-lors, ainsi qu'il arrive dans toute espèce d'unité, dans toute espèce de rassemblement, le discrédit d'une portion, affoiblit, atténue le crédit de l'ensemble. Quel ascendant d'opinion, quel ascendant d'imagination pouvoit obtenir, en particulier, sur le Tiers-Etat, un Ordre dont les individus, en grand nombre, étoient si voisins, par la date de leur anoblissement, d'une foule de citoyens naguère leurs pareils, mais comptés encore parmi les Bourgeois et les Roturiers !

L'autorité, la primauté sont le résultat d'un grand nombre d'idées, et l'on ne peut déranger les principes sans toucher à leurs conséquences.

Indiquons encore les mésalliances, comme une altération aux vieilles habitudes et aux préjugés si l'on veut, qui servoient à entretenir l'éclat de la Noblesse. Ces mésalliances furent multipliées à l'excès sous le règne de Louis XV, et l'amour de l'argent mit en relation de consanguinité la haute Noblesse et les hommes à grande fortune, la haute Noblesse et la *haute Finance*; car ce dernier nom fut alors inventé par les gens de la Cour, afin d'orner un peu leurs nouveaux parens.

Ainsi, dans tous les sens et sous tous les rapports, l'Ordre de la Noblesse, tel qu'il étoit à l'approche des derniers Etats-Généraux, n'avoit aucune ressemblance avec

avec son ancienne composition, et ne réunissoit plus, en réalité, les conditions fondatrices de sa grandeur passée. Quel sujet de réflexion pour les politiques, s'il en eût existé de profonds, à l'époque où l'on promit si hâtivement au Parlement de Paris la convocation des Etats-Généraux ! Quel sujet de réflexion sur-tout, lorsque l'Ordre de l'Eglise se trouvoit également en déclin progressif de considération, et lorsque le Tiers-Etat, au contraire, avoit non-seulement le vol de l'opinion, mais encore, toute la force réelle que donne le mécontentement public et l'immensité des impôts à tous ceux qui, dans l'ordre social, se trouvent placés le plus près des dernières classes du Peuple! Quel sujet de réflexion, et pour le dire à l'avance, quelle ignorance et quelle ineptie d'avoir un moment imaginé et de croire, encore aujourd'hui peut-être, qu'une destruction d'équilibre, due à des causes si fortes et si enracinées, pouvoit être balancée dans ses effets par le nombre respectif des Députés des trois Ordres, ou par tout autre moyen aussi chétif !

L'Autorité Royale, en la supposant au tems de sa plus grande énergie, au tems de Richelieu, au tems de Louis XIV et de sa fortune, n'auroit pu rendre de nos jours aux deux premiers Ordres, la consistance qu'ils avoient perdue; elle n'auroit pu du moins y parvenir subitement, car ce n'étoit pas là une affaire de commandement ou de despotisme.

La résistance étoit dans l'opinion, le mal dans les effets du tems; et, par une singularité remarquable, tandis que les deux premiers Ordres réclamoient le soutien de l'Autorité Royale, cette Autorité avoit elle-même un besoin imminent de leur appui.

On ne peut se le dissimuler, l'Autorité Royale avoit atteint son apogée dans les beaux jours du règne de Louis-le-Grand; mais son déclin approchoit, et peut-être que ce Monarque lui-même en avançoit le cours, lorsqu'il appeloit, lorsqu'il recherchoit la louange, lorsqu'il recueilloit avec intérêt les tributs de l'opinion publique, lorsqu'il les amonçeloit avec complaisance autour de sa personne; enfin, lorsqu'animant lui-même cette opinion, il élevoit et fortifioit de ses mains une Autorité rivale, une Autorité dont la puissance s'est accrue avec l'activité progressive de l'esprit social, avec les fautes des Rois, et sur-tout avec les progrés, avec la dispersion des lumières.

Louis XVI ne pouvoit ni la subjuguer ni rester constamment son idole, ainsi il dut en éprouver successivement les faveurs et les caprices. Cependant il la craignit toujours, après l'avoir vue, vers la fin du règne de son aïeul, inspirer aux Courtisans même, une audace étrangère à leurs mœurs et à leur caractère. Il eut même, et la Reine encore plus, une déférence malconçue pour les idées modernes, en négligeant trop les formes de la Cour et les loix de l'étiquette. La Reine, aveuglément conseillée, sacrifia la représentation à l'aisance de la vie; elle parut même rechercher les succès de société, et n'apperçut pas à tems, que la Majesté Royale est une idée singulière, une idée composée, et dont il faut entretenir la magie, par tous les usages qui établissent une distance entre les Rois et leurs Sujets.

La toute-puissance inébranlable, unie encore aux plus hautes qualités personnelles, doit seule permettre aux Princes de risquer quelques traits, quelques habitudes de familiarité; et à ces conditions même, ils auroient tort d'en adopter le système. Leur grandeur naturelle ne sauroit jamais être en proportion avec leur grandeur conventionnelle, et c'est à eux de songer sans-cesse à ce défaut d'équilibre.

Qu'on ne dédaigne point ces observations. La conduite de la Cour, sous le dernier règne, a eu son influence sur les mœurs nouvelles, et c'est par le rassemblement d'une infinité de circonstances que tous les grands effets se préparent.

J'ai montré ce qu'étoient devenus, depuis l'interruption des Etats-Généraux, depuis 175 ans, et l'Ordre du Tiers-Etat, et l'Ordre de la Noblesse, et l'Ordre de l'Eglise. J'ai montré ce qu'étoit devenue l'Autorité Royale, et comment encore l'opinion publique, une nouvelle puissance, s'étoit mêlée aux autres, et les avoit passées toutes. J'ai montré de plus que ce n'étoit pas, en 1789, d'une petite addition de taille, d'un léger *aide* extraordinaire, dont on étoit appelé à traiter au nom de la Nation; mais de la prorogation de cinq cent millions d'impôts, de la sûreté d'une dette immense et de toutes les dépendances d'un intérêt si vaste et si généralement partagé. Enfin, j'ai retracé les suites inévitables du refus que faisoient les Parlemens d'enregistrer aucune loi de finance, les conséquences d'une résolution qui suspendoit, en quelque manière, le mouvement et la vie du Gouvernement.

La situation étoit unique; et l'on pouvoit mettre en doute si le rétablissement des anciens Etats-Généraux étoit une ressource décisive, et si, pour écarter l'embarras d'une circonstance toute nouvelle, il n'y avoit rien de mieux qu'une vieille combinaison, imparfaite en ses plus beaux tems, et qui délaissée, reprise à de grandes distances, et jamais confrontée, jamais en rapport habituel avec le cours des idées, des mœurs et des opinions, n'avoit pu recevoir de l'expérience une véritable sanction. Oui, il étoit permis de conserver quelque doute sur les heureux résultats d'une forme politique, dont le modèle nous étoit transmis de si loin, tandis que tout avoit changé dans l'intervalle.

DEVROIT-ON s'étonner qu'alors un homme d'Etat eût arrêté ses regards, avec regret, sur la Constitution d'Angleterre ?

Voyez seulement comment cette Constitution répondoit, avec précision, aux trois grandes objections que j'ai présentées.

L'Ordre de la Noblesse en France ne pouvoit plus remplir le but de son institution politique, dès qu'une immense agrégation d'Anoblis lui avoit fait perdre son relief et son ascendant.

La difficulté étoit résolue, en instituant une Chambre des Pairs qui reprenoit tout l'éclat, perdu par la Noblesse en sa qualité d'Ordre politique.

La nature des contributions en France ne permettoit pas, je l'ai démontré, d'imposer aux Représentans du troisième Ordre une preuve de propriété territoriale, ni même mobiliaire : c'étoit un grand mal.

La difficulté étoit résolue par la réunion aux Communes de tous les Propriétaires Nobles, les Pairs du Royaume exceptés.

Enfin, dans une crise où tout étoit en stagnation, on avoit besoin d'une action prompte et d'une délibération sage, et l'on ne pouvoit attendre ce double service d'une Assemblée Législative divisée en trois Corps politiques, en trois, qui avec une défiance mutuelle, devoient s'unir de pensée et de volonté.

La difficulté étoit résolue, avec une Assemblée Législative divisée seulement en deux sections, conformément à la Constitution d'Angleterre.

Pourquoi donc dissimulerois-je que mes premières et mes dernières pensées furent toujours favorables à un système de Gouvernement, avec lequel ni des Etats-Généraux divisés en trois Ordres, ni aucun autre institut monarchique ne peuvent être mis en parallèle?

Je n'ai jamais été appelé à examiner de près ce que je pouvois faire, à l'époque de ma rentrée dans le Ministère, de cette estime si particulière et si profonde pour le Gouvernement d'Angleterre; car, si de bonne heure, mes réflexions et mes discours durent se ressentir de l'opinion dont j'étois pénétré, de bonne heure aussi je vis l'éloignement du Roi, pour tout ce qui pouvoit ressembler aux usages et aux institutions politiques de l'Angleterre. Il partageoit à cet égard les anciens préjugés des Princes François; et ces préjugés, naturels ou sans inconvéniens en d'autres conjonctures, ont fait obstacle au salut public lorsque de nouveaux tems sont venus, et qu'ils ont exigé de nouvelles idées.

Une succession d'événemens ne tardèrent pas à faire changer l'opinion du Monarque; mais alors cette opinion n'avoit plus le crédit nécessaire pour diriger les esprits. On auroit en France aujourd'hui le Gouvernement d'Angleterre, et le Gouvernement d'Angleterre perfectionné, si le Roi, la Noblesse et le Tiers-Etat, qui l'ont chacun désiré dans un certain moment, avoient pu le vouloir à une même époque. Mais pour obtenir un concert si parfait, entre des contendans politiques, il faut nécessairement, ou que la prévoyance assiste les plus foibles, ou que la modération arrête les plus forts; autrement on ressemble à des Plénipotentiaires négociant de la paix au milieu des batailles, et dont les prétentions s'élèvent et s'abaissent selon les succès ou les défaites.

C'étoit à l'époque, où, pour affranchir le Roi du joug des Parlemens, on imagina de créer un Corps Législatif, composé de courtisans et de quelques débris de la Magistrature, un Corps Législatif incapable en tous les sens de captiver jamais la confiance; c'étoit à l'époque de cette fatale invention de la Cour plénière, que la moindre représentation nationale, réunie à une Chambre des Pairs, eût été reçue avec acclamation, eût été célébrée d'un bout du Royaume à l'autre. On eût vu le ciel ouvert, si le Monarque eût porté le nombre des Pairs héréditaires à deux ou trois cents, s'il eût adjoint à ces hauts Dignitaires cinquante Magistrats d'élite, inamovibles pendant leur vie; si l'on eût composé de cette réunion une première section du Corps Législatif, et si l'on eût formé la seconde de cinq ou six cents Députés de la Nation, en circonscrivant le droit d'élection d'une manière sage, en désignant la propriété foncière comme une condition nécessaire du droit de représentation, et en abolissant toutes les distinctions fiscales, qui pouvoient éloigner une classe de Citoyens de l'acquisition de ces sortes de biens.

Un Corps Législatif ainsi composé et constitué par le Roi lui-même, avec les réserves et les conditions nécessaires, pour le maintien du Pouvoir Exécutif entre les mains du Prince, une telle institution politique eût rempli tous les vœux, et peut-être qu'elle eût fait à jamais le bonheur et le salut de la France. Vains regrets ! inutiles pensées ! Mais tout se tient dans cette suite de réflexions qu'un grand intérêt me retrace, et les événemens passés sont enchaînés les uns aux autres par une accélération si rapide, qu'ils semblent dériver du même mouvement et ne former qu'une seule action.

Un grand changement étoit survenu, dans l'intervalle de peu de mois, entre l'époque de la création d'une Cour Plénière et l'époque de mon rappel au Ministère. Alors, et dans la position où le Roi s'étoit placé, dans l'embarras où les Cours Souveraines avoient jeté le Gouvernement, tout étoit devenu difficile ; et si l'on eût entrepris de substituer aux Etats-Généraux une autre organisation politique, même la plus parfaite, on auroit rencontré peut-être des obstacles insurmontables. Il est des pensées de prévoyance auxquelles la généralité des hommes ne s'associe point ; elle a besoin du tocsin des événemens pour s'éveiller et pour s'instruire. Le Clergé, la Noblesse et le Tiers-Etat, entraînés par des motifs différens, croyoient appercevoir, dans un grand rassemblement, le moyen de se placer avec avantage, et la confusion même se présentoit à l'esprit comme une sorte de jeu, où le crédit et la domination appartiendroient aux plus habiles. Chacun des trois Ordres d'ailleurs se fiant à son droit de résistance ou de *véto*, imaginoit avoir un bouclir contre toute espèce d'atteinte à ses intérêts particuliers ; et l'on ne voyoit pas encore, que, dans une conjoncture unique, dans un moment où toutes les affaires étoient arrêtées, où tous les impôts étoient déclarés illégitimes, dans un moment enfin d'inquiétude universelle, et lorsqu'on sentoit le besoin d'un nouvel ordre de choses, lorsqu'on le demandoit, ce n'étoit pas des oppositions qui pouvoient sauver l'Etat et gagner l'opinion publique. On conçoit néanmoins comment à distance, tous les Ordres et tous les partis pouvoient être contens, en perpective, de la Constitution surannée dont on avoit annoncé le rétablissement ; et peut-être que le moment étoit passé où le Monarque auroit pu se rendre, à lui seul, le Législateur de son pays.

Il fallut donc s'engager dans les hasards des Etats-Généraux et de leurs trois Ordres ; il fallut ouvrir cette scène de rivalité que la disposition des esprits rendoit si dangereuse.

On ne pouvoit, près de tant de prétentions dont le développement étoit inévitable, près de tant d'intérêts au moment de se combattre, on ne pouvoit se tracer à l'avance une règle invariable de conduite; mais un petit nombre de vérités importantes devoient se présenter aux regards du Gouvernement et captiver son attention. Tout annonçoit, par exemple, que les deux premiers Ordres n'avoient plus, comme autrefois, l'ascendant nécessaire pour être à eux seuls les soutiens de l'Autorité Royale, et que cette Autorité avoit besoin d'associer son crédit chancelant à la force croissante de l'opinion publique. Tout annonçoit encore, qu'il falloit opposer une grande sagesse à ce mouvement universel dont on venoit d'éprouver la puissance, et qui avoit vaincu la résistance des Parlemens, soumis leurs préjugés et réprimé si fortement les mesures arbitraires de l'Administration Suprême. Tout annonçoit enfin, que, dans l'affoiblissement des idées conservatrices de tous les sentimens de respect, il falloit se faire un appui de l'amour des Peuples, et chercher soigneusement à regagner au Roi ce qu'on avoit fait perdre à la Royauté, ce qu'on lui avoit fait perdre par une suite de fautes dont la réparation, au moment des Etats-Généraux, étoit mise hors des mains du Gouvernement, et ne pouvoit plus appartenir ni à ses volontés, ni à sa repentance.

On ne savoit encore, en réfléchissant aux Etats-Généraux, si l'on avoit plus de craintes à concevoir du choc des passions que de la confusion des idées et des opinions; C'étoit donc au milieu d'une agitation générale que les Ministres et le Conseil d'Etat avoient à placer heureusement leur foible autorité. Ils devoient, pendant la tenue des Etats-Généraux, n'omettre aucun moyen naturel de faire paroître le Monarque avec dignité et de ramener les regards vers son rang suprême; mais il importoit également, de ne jamais compromettre une intervention dont le crédit pouvoit défaillir à la plus légère épreuve indiscrète.

Le Gouvernement devoit encore chercher à concilier les difficultés et à rapprocher les esprits; car, si près, des sujets de mécontentement qu'il avoit donnés, et au milieu de la défiance qu'il inspiroit encore, la discorde et la confusion étoient plus propres à faire naître des idées extrêmes qu'à ramener vers lui. Il falloit donc parler aux uns des sacrifices que les circonstances conseilloient, et aux autres de la modération qui appartenoit à tous les tems. Il falloit aussi présenter sans-cesse l'importance de l'ordre public à ceux qui voyoient tout dans la liberté, et l'importance du Pouvoir exécutif à ceux qui voyoient tout dans la loi. Il falloit encore, en ces tems de système, défendre avec confiance le présent contre l'avenir, le certain contre le possible, et toutes les idées réelles contre les invasions journalières de l'esprit métaphysique. Enfin il étoit sur-tout d'un devoir rigoureux, pour un homme public, de se montrer constamment l'ami respectueux de la justice, de la bonne foi, et de rester invariablement fidèle aux principes conservateurs des sociétés ; à ces principes éternels et consacrés chez tous les Peuples, par les loix de la morale et les préceptes de la Religion.

Tel étoit le plan général de conduite que devoit se proposer le Gouvernement : on jugera s'il s'en est écarté ; s'il l'a fait sciemment ; s'il l'a fait par méprise ; et le compte que je rendrai des événemens passés, fera connoître aussi la part que j'ai eue aux résolutions du Monarque et aux délibérations de son Conseil.

Nul déguisement ne me sera nécessaire ; et j'en aurois besoin, que je rejetterois encore ce honteux secours. C'est au moment, où les haines et les injustices de tous les partis vous resserrent de plus en plus en vous-même, qu'il faut se mettre bien dans cet unique asyle, et le moindre reproche en détruit la tranquillité. Je ne sais d'ailleurs si l'ouvrage que je commence sera publié de mes jours ; et je ne sacrifierai pas à mon ombre le respect que j'ai toujours eu pour la vérité, la fidélité que je lui ai gardée dans la vigueur de ma vie et sous l'empire de mes passions.

SECTION III.

États-Généraux jusques à la Séance Royale du 23 Juin 1789.

AVANT l'ouverture des Etats-Généraux une question de la plus haute importance occupoit tous les esprits. On se demandoit de quelle manière & dans quelle forme les trois Ordres, une fois réunis, discuteroient et résoudroient les affaires publiques ? Un grand nombre de personnes, qui toutes cependant faisoient partie de la Noblesse et du Clergé, soutenoient, avec fermeté, que chacun des trois Ordres devoit délibérer séparément. Elles ne s'arrêtoient point à rechercher, si la nécessité d'un accord entre trois volontés, & entre quatre même en y joignant la sanction Royale, étoit une condition sage en Législation ; mais elles invoquoient l'autorité des anciens usages. On convenoit néanmoins, que, dans plusieurs circonstances, les deux premiers Ordres s'étoient réunis au troisième mais ils l'avoient fait librement, ils l'avoient fait lorsque le nombre des députés réunis de la Noblesse & du Clergé étoient plus nombreux que les Députés du Tiers-Etat ; & à parité, disoit-on, aucune réunion ne pouvoit être tolérée.

La Nation embrassoit ouvertement une opinion contraire. Elle fixoit moins, il est vrai, son attention sur des institutions anciennes, interrompues par une durée de deux siècles, que sur le présent & sur l'avenir. Elle voyoit, elle sentoit fortement que toute espérance de restauration seroit perdue, si l'établissement solide d'un ordre dans les finances & dans toutes les parties du Gouvernement devoit dépendre d'une harmonie d'idées & de volontés, entre trois Corps rivaux délibérans séparément; & l'on craignoit qu'à cette condition, les Etats-Généraux, dont la perspective avoit animé tous les esprits, ne dégénérassent, comme tant d'autres, dans une vaine représentation. Cependant les vœux pour une action réelle, efficace et durable, étoient si prononcés, que leur accomplissement ne pouvoit être éludé, par un respect de tradition envers une image effacée et par une humble obéissance à des usages inconnus aux hommes de ce temps. L'opinion publique étoit trop pressante, trop éclairée, pour donner la liberté d'attermoyer encore avec elle.

La parité établie, entre le nombre des Députés du Tiers-État et le nombre des Députés des deux premiers Ordres, ne pouvoit pas être alléguée comme un obstacle à une délibération commune. On devoit dire, au contraire, que toute espèce de vote, pris à la pluralité des voix, eut été évidemment injuste, eût été surtout impraticable, si., comme autrefois, les deux Ordres privilégiés eussent eu sur le troisième une supériorité de suffrages.

On ne peut imaginer que pour la prorogation ou pour la nouvelle répartition de cinq cent millions d'impôts, la Nation Françoise de 1789 eût docilement reçu la loi des deux Ordres en possession de toutes sortes de privilèges. La parité de suffrages, entre deux classes si divisées d'intérêts, étoit donc l'unique manière de. rendre praticable une délibération commune. C'étoit à la faveur d'une disposition si raisonnable que tous les Députés des Assemblées Provinciales, composées aussi de trois Ordres, traitoient ensemble des affaires publiques et le faisoient paisiblement.

C'étoit à la faveur d'une disposition si raisonnable que la grande Assemblée Conventionnelle du Dauphiné s'étoit tellement attachée à une réunion dont elle venoit de faire l'épreuve, qu'elle avoit résolu de la maintenir dans sa mission représentative à l'Assemblée de la Nation. Et lorsque les Députés de cette Province parurent ensemble, le jour de l'installation des Etats-Généraux, la salle retentit d'applaudissemens.

On avoit vu sans-doute les anciens Etats-Généraux délibérer par ordre et former des

des vœux séparés; mais le motif de leur convocation, l'objet de leurs discussions, pouvoient-ils être mis en parallèle avec la gravité des intérêts qui avoient provoqué l'Assemblée de 1789 ?

Ce n'étoit pas ici Louis XI assemblant des Etats-Généraux pour reprendre l'apanage du Duc de Berry son frère : ce n'étoit pas Madame de Beaujeu et le Duc d'Orléans assemblant les Etats de Tours, sous Charles VIII, pour se disputer l'Autorité suprême : ce n'étoit pas Louis XII assemblant des Etats-Généraux pour assurer le mariage de sa fille avec le Duc de Valois : ce n'étoient pas enfin des démêlés avec les Papes, ou des querelles de sectes, qui avoient décidé la convocation des Etats-Généraux de 1789 : c'étoit le système entier des Finances, c'étoit la nécessité de remplacer la médiation des Parlemens, la nécessité de subvenir aux refus qu'ils faisoient de proroger les impôts temporaires, d'en autoriser de nouveaux, et de légaliser aucun emprunt : c'étoit encore la nécessité de satisfaire ou de calmer cette clameur universelle sur les abus du Gouvernement, cette clameur qui avoit forcé le Monarque à promettre la convocation d'une Assemblée Nationale.

Qu'étoit-ce enfin que les impôts accordés par les anciens Etats-Généraux, près des besoins modernes du Trésor Public, près de ce grand objet qu'il falloit éclaircir et mettre en règle aux Etats de 1789? Les secours accordés par tous les Etats-Généraux, depuis le quatorzième siècle, ne formoient pas numériquement la dépense de dix jours en 1788.

Les seuls Etats où l'on ait accordé des subsides, à partir de l'époque que je viens de citer, ce sont les Etats de Tours en 1483, et les Etats de Pontoise en 1551.

Les Etats de Tours accordèrent douze cent mille livres de taille pour deux ans.

Trois cent mille pour un an.

En tout, quinze cent mille livres, faisant sept à huit millions de notre tems.

Les Etats de Pontoise accordèrent un droit sur les boissons évalué à douze cent mille livres, faisant aujourd'hui cinq millions.

En tout donc, douze à treize millions de la part des Etats-Généraux qui ont voté des subsides depuis le quatorzième siècle (1).

ETOIT-CE donc les anciens Etats-Généraux, les uns accordant leur sanction à une somme d'impôts infiniment modique, les

(1) Cette évaluation a pour base le prix numérique du marc d'argent. Elle s'élèveroit beaucoup plus haut en formant le calcul sur le prix des choses; mais dans un article transitoire je ne dois pas m'arrêter à développer cette distinction.

autres absolument étrangers aux affaires de Finance, et presque tous si foiblement respectés après leur séparation; étoit-ce de tels Etats dont les formes de délibération devoient ou pouvoient servir de modèle rigoureux aux Etats-Généraux de 1789, à des Etats sans ressemblance avec les précédens?

Les Rois, comme on le voit, avoient insensiblement oublié les Etats-Généraux, et depuis longtems ils pourvoyoient aux dépenses publiques; d'abord par des accroissemens de taille établis de leur simple autorité, ensuite par des Edits bursaux de tout genre, revêtus de l'enregistrement des Cours souveraines.

Ces Cours eurent raison de concevoir des doutes sur l'abus qu'elles avoient fait de leur pouvoir: elles eurent raison de s'en repentir; mais retourner en arrière, sans nuance et sans gradation, et laisser là le Trésor Royal au milieu de ses embarras, quelle résolution! quelle conduite! C'étoit Atlas qui refusoit tout-à-coup de porter le Monde.

Le Monarque auroit dû, je le crois, insister davantage auprès des Parlemens sur les conséquences de leur système et sur les dangers d'une résolution si hâtive; mais le Monarque mal conseillé, ou emporté par le mouvement universel, s'étoit embarassé lui-même en accueillant la profession de foi du Parlement de Paris. Il l'avoit approuvée avec une sorte de solemnité; et tous les Ordres de l'Etat, en applaudissant à ces principes, en les célébrant, y avoient apposé le sceau de l'opinion publique et de la volonté Nationale. Et c'étoit près d'une dette immense, près d'un crédit épuisé, près d'un vuide effrayant; c'étoit avec des revenus consommés à l'avance et au milieu de la plus grande confusion que l'on arrêtoit l'action du Gouvernement, que l'on interceptoit ses moyens !

Cependant la conservation d'un revenu, absolument nécessaire au maintien de la foi publique, et le choix des moyens les plus propres à remplir ce but, n'étoient pas la seule tâche réservée aux Représentans de la France. La Nation attendoit des Etats-Généraux le recensement des dépenses, la réforme des abus et le renouvellement des principes d'administration. Enfin, elle avoit exigé d'eux encore davantage, en leur enjoignant expressément de fixer la Constitution avant de s'occuper de l'octroi des subsides : ainsi la plus épineuse des entreprises devoit précéder la plus urgente des délibérations.

Que l'on réfléchisse aux diverses circonstances dont je viens de retracer le souvenir; que l'on porte un regard attentif sur la multiplicité des obligations imposées aux Etats-Généraux, et par l'attente publique, et par la dangereuse situation des affaires ; que l'on observe en même tems combien la lenteur de leur marche et le retard de leurs décisions eussent été nuisibles aux intérêts de l'Etat, et l'on jugera qu'une assemblée politique, réduite à n'avoir aucune action, à ne transmettre aucun mouvement, sans l'accord préalable de trois Ordres délibérant séparément, sans une rencontre fortuite entre leurs volontés rivales, qu'une telle Assemblée ne pouvoit, à cette condition, répondre à l'exigence des tems.

On appercevra de même, qu'à moins de supposer au Gouvernement une parfaite indifférence aux besoins de l'Etat, à moins de lui supposer une froide résignation à la défaillance universelle de toutes les espérances, il devoit souhaiter, au moment des Etats-Généraux, qu'il y eût pour les affaires d'un intérêt général une délibération commune entre les Ordres, et un moyen certain de convertir en action, de diriger vers un résultat les idées les plus essentielles au bonheur et à la prospérité de la France.

Ce fut pour marquer cette opinion et pour la seconder, que, le jour de l'ouverture des Etats-Généraux, je m'exprimai de la manière suivante :

« Que seroit-ce, Messieurs, si dès vos » premiers pas une désunion éclatante venoit » à se manifester ? Que deviendroit le bien

» public au milieu de ces divisions où des » intérêts d'Ordre, d'état et de personnes » occuperoient toutes vos pensées ? Ils sont » si agissans ces intérêts, et leur domination » va tellement en croissant, que la sagesse » de Sa Majesté, que son attachement au » bien de l'État, ont dû fixer son attention » sur des passions d'une si grande influence. » C'est par ce motif si digne d'hommage, » c'est par ce motif qui atteste si distinc- » tement le vœu de Sa Majesté pour le » succès de vos travaux, que le Roi est » inquiet de vos premières délibérations. La » manière dont les Etats-Généraux en diri- » geront la forme, est une des grandes ques- » tions qui s'est élevée dans le Royaume, et » les avis sur la délibération en commun ou » par Ordre semblent s'être partagés avec » une ardeur qui deviendroit alarmante, si » l'amour du bien public ne formoit entre » vous, Messieurs, un point de réunion plus » fort et plus puissant que les opinions et les » sentimens propres à vous diviser. Le Roi » connoît toute l'étendue de la liberté qui » doit vous être laissée; mais sans accord, » votre force s'évanouiroit, et les espérances » de la Nation seroient perdues. Sa Majesté » a donc fixé son attention sur des préli- » minaires dont les conséquences peuvent » être si grandes; et ce n'est pas cependant » comme votre Souverain, c'est comme le

» premier Tuteur des intérêts dé la Nation ;
» c'est comme le plus fidèle protecteur de la
» félicité publique, que le Roi m'a ordonné
» de vous présenter un petit nombre de
» réflexions. . . . . »

» Ce sera vous, Messieurs, qui chercherez
» d'abord à connoître l'importance ou le
» danger dont il peut être pour l'Etat que
» vos délibérations soient prises en commun,
» ou par Ordre, et les lumières qui sortiront
» de votre Assemblée influeront sans doute
» sur l'opinion de Sa Majesté; mais le choix
» du moment où cette question doit être
» traitée, si ce choix est fait sagement,
» suffira pour prévenir les risques ou les
» inconveniens d'une semblable discussion,
» et c'est principalement sur ce point que je
» vais m'arrêter.

» Tout annonce, Messieurs, que si une
» partie de cette assemblée demandoit que
» la première de vos déterminations fût un
» vœu, pour délibérer par tête sur tous
» les objets qui seront soumis à votre exa-
» men, il résulteroit de cette tentative, si
» elle étoit obstinée, une scission telle,
» que la marche des Etats-Généraux seroit
» arrêtée ou longtems suspendue, et l'on
» ne peut prévoir quelle seroit la suite d'une
» semblable division.

» Tout prendroit au contraire une forme
» différente, tout se termineroit peut-être

» par une conciliation agréable aux partis » opposés, si les trois Ordres commençant » par se séparer, les deux premiers exa» minoient d'abord l'importante question » de leurs privilèges pécuniaires, et si, » confirmant des vœux déjà manifestés dans » plusieurs Provinces, ils se déterminoient » d'un commun accord à l'abandon de ces » avantages. Personne d'entre-vous, Mes» sieurs, ne pourroit avec justice essayer » de ravir aux deux premiers Ordres le » mérite d'un généreux sacrifice; et ce se» roit cependant les en priver que de sou» mettre cette décision à la délibération » des trois Ordres réunis. Une possession » qui remonte aux tems les plus réculés » de la Monarchie, est un titre qui devient » encore plus digne de respect au moment » où ceux qui en jouissent sont disposés » à y renoncer....

» Supposons maintenant que cette déli» bération soit prise par la Noblesse et par » le Clergé, qu'elle le soit *promptement* » et de la seule manière dont on peut » l'attendre, par un noble sentiment, par » un mouvement digne de l'élévation d'ame » qui caractérise les principaux Membres » des deux premiers Ordres de l'Etat; dès » ce moment ils recevroient, de la part » des Représentans des Communes, des » hommages de reconnoissance et de sen-

sibilité.

» sibilité. Ils seroient invités à s'unir souvent » aux Représentans du Peuple, pour faire » en commun le bien de l'Etat; et sûre- » ment, ce ne sera pas d'une manière » générale ni absolue qu'ils résisteront à cette » avance. Cependant une première union » entre les Ordres une fois formée, et les » ombrages des uns dissipés, les plaintes et » les jalousies des autres appaisées, c'est » alors qu'avec calme et par des Commis- » saires nommés dans les trois Ordres, on » examinera les avantages et les inconvé- » niens de toutes les formes de délibéra- » tion; c'est alors qu'on désignera peut-être » les questions, qu'il importe au Souverain » et à l'Etat de soumettre à une discussion » séparée, et les objets qu'il est convena- » ble de rapporter à une délibération com- » mune; c'est alors enfin qu'on jugera plus » sainement une question qui présente tant » d'aspects différens. Vous verrez facilement » que pour maintenir un ordre établi, pour » ralentir le goût des innovations, les déli- » bérations confiées à deux ou trois Ordres » ont un grand avantage; et que dans les tems » et pour les affaires où la célérité des ré- » solutions et l'unité d'action et d'intérêt de- » viennent nécessaires, la consultation en » commun mérite la préférence. Vous exa- » minerez ces principes et bien d'autres avec » une impartialité inconnue jusques à présent,

» du moment que l'abolition des priviléges » pécuniaires aura rendu vos intérêts égaux » et parallèles. Enfin, Messieurs, vous dé- » couvrirez sans peine toute la pureté des » motifs qui engagent Sa Majesté à vous » avertir de procéder avec sagesse à ces » différens examens ... »

C'est ainsi que j'énonçai la pensée et le sentiment du Roi. Il en examina très-attentivement l'expression, et il consulta, je le crois, d'autres personnes que les membres de son Conseil. Il le put du moins, car il retint l'exemplaire de mon Discours après une première lecture. Il m'envoya plusieurs Notes d'observations écrites de sa main, et lui ayant présenté les changemens que j'avois faits pour répondre à ses vues, il m'en témoigna sa satisfaction (1).

---

(1) J'ai un billet de la main du Roi qui contient ces paroles : « Je vous renvoie, Monsieur, votre Discours. » Je vous dirai sans compliment qu'il m'a fait le plus » grand plaisir à relire. J'ai fait seulement quelques pe- » tites remarques d'après celles que je vous avois déjà » faites au commencement; j'ai ajouté *à la demande* des » Etats, parce que comme ils ne peuvent pas faire de » Loix seuls, il faut mettre que c'est à leur demande, » après leur vœu, ou autre chose pareille. Au second » cahier je tiens toujours à changer la phrase de l'*Au- » torité Législative* comparée aux engagemens que le » Roi a pris.

» Je ne sais pas si le petit compliment pour les Minis- » tres ne pourroit pas porter à la plaisanterie; je crois » qu'il devroit être supprimé. Le reste n'est guère que » des observations de mots. »

Signé, LOUIS.

On a dit, au nom de la Noblesse et du Clergé, que le Roi, dès l'ouverture des Etats-Généraux, devoit s'opposer à toute espèce de délibération commune entre les Ordres, et ne laisser à cet égard aucune liberté.

On a dit, au nom du Tiers-Etat, que le Roi devoit au contraire ordonner ouvertement cette réunion, et n'admettre aucune exception, ne supporter au retard.

C'est ainsi que la sagesse a besoin de se défendre contre tout le monde. Prenons ici son parti, comme nous avons été si souvent obligés de le faire, et ne quittons point sa cause abandonnée, malgré toutes les disgraces qui attendent ses amis et ses sectateurs.

Ce n'est pas sérieusement qu'on peut reprocher au Roi de n'avoir pas interdit toute délibération commune entre les Ordres; car en supposant leur consentement mutuel, ils avoient évidemment le droit de se réunir, et plus évidemment encore le Gouvernement n'auroit eu aucun moyen de s'opposer à leur vœu.

On conçoit mieux comment le Roi, dès l'ouverture des Etats-Généraux, auroit pu commander aux trois Ordres de renoncer à leur séparation, pour ne former entr'eux qu'une seule Chambre, une seule Assemblée délibérante. Le Prince, par cette injonction, eût abusé sans doute de son

Autorité ; mais il ne l'auroit pas compromise, parce qu'il auroit eu derrière lui l'opinion publique, et qu'avec cette aide formidable il auroit vaincu, un peu plutôt, un peu plus tard, tous les genres de résistance.

Mais le Roi eût agi durement envers le Clergé et envers la Noblesse, s'il leur avoit enlevé le mérite de céder librement à l'empire des circonstances, et il eût manqué de politique, s'il se fût permis une manière hautaine ou légère avec deux Ordres respectables et dont la considération importoit au soutien de la Majesté Royale.

Les paroles de mon Discours aux Etats-Généraux se concilioient avec ces réflexions. Nul sentiment impérieux ne s'y trouvoit exprimé. Tout étoit en invitation, et aucune part n'étoit prise à l'avance sur le tribut d'opinion que devoient recueillir les deux premiers Ordres, en répondant aux vœux de la Nation. Quelle fatalité les en a détournés ? Etoit-ce une déférence rigoureuse à d'anciens usages ? mais ces usages eux-mêmes ne les obligeoient pas à se tenir constamment isolés, ne les obligeoient pas sur-tout à faire profession ouverte d'une telle intention ! Le Clergé, la Noblesse et le Tiers-État, se mêlèrent ensemble aux Etats de Tours en se divisant par *Nations* : ce fut le nom qu'ils donnèrent à leurs différentes sections. Et M. le Comte de Boulainvilliers, accusé d'un attachement partial aux droits de la Noblesse, fait pourtant la remarque suivante en parlant des Etats-Généraux tenus en 1412 sous le règne de Charles VI.

» . . . . . D'où on doit inférer que les » députations se faisoient alors par Pro» vinces, et non dans trois Chambres » distinctes, pour les trois Ordres repré» sentatifs du Clergé, de la Noblesse et » du Tiers-Etat; usage beaucoup plus con» venable à la discussion des affaires, à » la formation des résolutions les plus utiles, » et plus convenable au bien général et » particulier, et qui comme tel s'est con» servé longtems, puisqu'il duroit encore et » fut pratiqué hautement dans l'Assemblée » tenue à Tours en 1483. »

On voit encore dans les Mémoires du quatorzième siècle, qu'à une tenue d'Etats sous le Roi Jean, les Ordres demandèrent qu'il leur fût *permis* de délibérer séparément.

Enfin, si l'on s'en rapportoit au témoignage d'un Ecrivain célèbre, l'alternative d'une délibération, tantôt commune et tantôt séparée entre les trois Ordres, auroit dû être considérée comme une disposition parfaitement conforme aux plus anciennes coutumes. Je transcris ici les paroles même de M. l'Abbé de Mably, dans son excellent ouvrage sur le Gouvernement François: L'Auteur en parlant des assemblées Nationales de Mai sous Charlemagne s'exprime ainsi : « Quelquefois les trois Chambres » séparées, du Clergé, de la Noblesse et » du Peuple, se réunissoient, soit pour se » communiquer les Réglemens que chaque » Ordre avoit faits par rapport à sa police » ou à ses intérêts particuliers, soit pour » discuter les affaires mixtes; c'est-à-dire, » qui tenoient à la fois au spirituel et au » temporel; ou qui, par leur nature, étoient » relatives à deux ou à tous les Ordres » de l'Etat ».

On contestera peut-être ici l'exactitude du résultat des recherches de M. l'Abbé de Mably, et je n'entrerai point dans cette controverse. Je laisse-là les vieilles traditions et toutes les autorités que le tems à la fois obscurcit et consacre, et fixant mes regards sur la route qu'indiquoient aux deux premiers Ordres, la raison, la politique, et plus que tout peut-être, une juste appréciation des loix de la nécessité, je leur reproche amèrement de ne l'avoir pas suivie. Une seule démarche de leur part sagement entendue, une seule démarche, en rapport avec les invitations du Gouvernement, eût décidé la direction des esprits, eût fixé leur incertitude, et rien de tout ce que nous avons vu ne seroit arrivé.

Expliquons distinctement une assertion d'une si grande conséquence.

Les deux premiers Ordres réunissoient tous les moyens nécessaires, pour découvrir et pour saisir fortement les vérités que j'ai développées dans le cours de cet ouvrage. La différence des tems nouveaux aux tems anciens ne pouvoit échapper à leur attention, et il leur étoit aisé d'appercevoir, qu'après tant de changemens et au milieu des circonstances les plus extraordinaires, la supériorité dans les États-Généraux ne pouvoit appartenir à aucune fédération particulière; qu'elle pouvoit encore moins être décernée par la Cour et par son Autorité; et qu'il falloit nécessairement, pour l'obtenir, rechercher le soutien de l'opinion publique, d'un allié devenu chaque jour plus puissant, et dont le Monarque lui-même avoit été forcé de ménager la faveur. Cette opinion publique, alors encore dans sa pureté et formée d'idées et de sentimens dont le bien général étoit le centre, exerçoit depuis longtems un empire salutaire. Elle avoit réprimé les tentatives du despotisme; elle avoit prêté du courage aux Autorités médiatrices entre le Monarque et le Peuple; elle avoit souvent servi de bouclier à l'innocence opprimée; elle environnoit de son éclat les beaux sacrifices et les hautes vertus; elle consoloit les grands hommes des persécutions de l'envie et des disgraces de la fortune ; et rude dans ses châtimens, autant que généreuse dans ses récompenses, elle avoit signalé, de la manière la plus redoutable, les Ministres indignes de la confiance du Prince et les avoit perdus par le mépris, au fort de leur crédit et de leurs triomphes. Enfin, l'opinion publique fatiguée de tant de jugemens particuliers qu'elle avoit exercés inutilement, et désespérant de l'avenir sur la foi du passé, rassembla toutes ses forces pour déterminer la convocation d'une Assemblée des Députés de la Nation ; elle obtint par son influence une parité de représentation entre les Communes et les Ordres privilégiés, et la France entière formant un dernier vœu, mais le plus décidé de tous, demandoit que tant d'espérances attachées aux Etats-Généraux, ne périssent pas en leurs mains et ne fussent pas combattues, ne fussent pas rendues vaines par des prétentions ennemies du bien public. Là s'arrêtoient encore les desirs inquiets de tous les citoyens, et la Nation paroissoit disposée à recevoir, avec gratitude, les sacrifices que l'on voudroit faire à l'établissement d'une harmonie, désignée alors, unanimement, comme la condition première de la réparation des maux de la France. Oui, la Nation libre alors dans ses opinions, la Nation encore sans engagement, étoit prête à se ranger du côté de ceux qui auroient les premiers applani les voies, à ce concert de volontés si nécessaire et si demandé ; elle étoit prête à se ranger du côté de ceux qui auroient les premiers assuré le mouvement et le mouvement régulier d'un Corps politique, formé de tant de parties et divisé par tant d'intérêts. Tout invitoit donc les deux premiers Ordres à s'emparer de ce mérite, et descendus, comme ils l'étoient, du haut degré de considération dont ils avoient joui dans les anciens tems, il leur importoit, plus que jamais, de s'associer à l'opinion publique, et d'emprunter d'elle une force que l'on eût pu confondre avec la leur. Telle étoit la marche qu'ils devoient suivre, telle étoit la politique de leur situation ; et ils eussent été sages, ils eussent été prévoyans, s'ils avoient combattu les Députés du Tiers-Etat, non pas à la Cour, non pas chez les Princes, non pas auprès du Roi, qui lui-même avoit besoin d'aide, mais en avant de l'opinion publique et pardevers elle : ils eussent été sages, ils eussent été prévoyans, s'ils avoient cherché à la captiver cette opinion, au lieu de la donner, pour ainsi dire, aux Députés du Tiers-Etat, par une succession de mesures inconsidérées.

Que devoient-ils donc faire ? Ce que leur conseilloient les véritables juges des circonsconstances. Ils devoient, en devançant la loi de la nécessité, annoncer de leur part deux résolutions également souhaitées. Ils devoient, en se montrant attentifs à la détresse du Trésor Royal, à l'écroulement des Finances, à l'inquiétude universelle, déclarer qu'ils étoient prêts à se réunir aux Députés du Tiers-Etat, pour délibérer en commun sur les affaires générales de la Nation. Ils devoient de plus, en se montrant pénétrés de la misère du Peuple et de l'étendue des charges publiques, déclarer promptement et sans restriction, qu'ils renonçoient à toute espèce de privilège pécuniaire et qu'ils vouloient, désormais, contribuer aux besoins de l'Etat en proportion de leurs facultés et de la même manière que tous les autres Citoyens Français. La Noblesse et le Clergé auroient accompagné ces deux déclarations de toutes les réserves qu'ils auroient jugées nécessaires, au maintien de leurs autres prérogatives, au maintien des droits honorifiques, fixés par leur état ou par leur naissance et consacrés par le tems; et s'ils avoient distingué nommément ces questions du nombre des affaires, susceptibles d'être traitées dans une Assemblée commune des trois Ordres, le Tiers-Etat et toute la France auroient trouvé l'exception parfaitement raisonnable.

On ne peut dire, on ne peut se représenter assez vivement aujourd'hui le degré de sensation qu'eût produit sur tous les esprits la démarche dont je viens de tracer l'idée ; elle auroit mis sur-le-champ les deux premiers Ordres en autorité dans la Nation, et leur eût donné le moyen de captiver, de rassembler autour d'eux ce grand nombre de Députés du Tiers-Etat qui désiroient de concourir au bien public par les voies les plus simples et les plus tranquilles. Cependant, ainsi que je l'ai dit, la Noblesse et le Clergé auroient uniquement devancé la loi de la nécessité; car il étoit évident que leurs privilèges pécuniaires seroient sacrifiés à la clameur publique, et il l'étoit de même, que les affaires nationales, dans l'état de crise où elles se trouvoient, ne pouvoient pas être traitées par trois Assemblées séparées. Il est des choses tellement ordonnées par les circonstances, que l'habileté ne consiste pas à les combattre, mais à faire usage d'un esprit de prévoyance pour se placer à tems dans une meilleure position. Rien n'est plus rare à la vérité que cette sagesse; on croit toujours faire un sacrifice quand on obéit, quand on cède à ce qui n'est pas encore, et l'on manque ainsi l'occasion de traiter librement avec les événemens inévitables.

Il faut le dire, le Clergé apprécioit bien mieux que la Noblesse l'empire des *circonstances*, et il n'eût résisté à aucune des démarches propres à ménager l'opinion publique ; mais associé à l'Ordre de la Noblesse par une communauté de privilèges et par une parité de rang, il ne pouvoit pas s'en séparer; et ce dernier Ordre fut malheureusement guidé, dans les commencemens, par quelques hommes très-propres à l'égarer, par des Légistes parlant beaucoup des premiers usages et des vieilles traditions ; très-peu de l'esprit du tems et des circonstances nouvelles ; par des Légistes ou des issus de Légistes, qui, pour faire oublier leur moderne Noblesse, et se montrer à l'égal des anciens Preux, exagéroient tous les droits, et les soutenoient en fanfarons.

Il se joignit à eux une autre sorte de guides non moins dangereux peut-être ; c'étoient des hommes de la Cour, qui ayant passé leur vie à Versailles et à l'entour des Princes, se croyoient placés à l'origine de tous les Pouvoirs, et qui, sans distinguer les époques, sans appercevoir la force de l'opinion dans un tems de malheur et d'alarme, considéroient le crédit et l'intrigue comme un instrument applicable indifféremment à tout dans une Monarchie. Ils se persuadèrent imprudemment, qu'avec cette aide, on devoit dominer des Etats-Généraux, ou les briser aisément, s'ils se montroient indociles.

Quoi qu'il en soit, les Députés de la

Noblesse ne firent aucune des déclarations que leur conseilloit une saine politique, et ils renfermèrent trop longtemps en eux-mêmes la disposition où ils étoient de renoncer à leurs privilèges pécuniaires. Ils vouloient mal habillement en faire un objet d'échange avec les Députés du Tiers-Etat; tandis qu'il falloit laisser ces Députés à l'écart, pour traiter directement avec leur maître; et ce maître étoit évidemment l'opinion publique. Ils pouvoient être tout par elle, et ils n'auroient rien été sans son appui. Aussi, même dans les momens où les plus fameux Orateurs de l'Assemblée Nationale ont paru diriger cette opinion, ils n'étoient le plus souvent que ses augures ou ses interprètes, et ils ressembloient à ces *Flugelmans*, qui, placés en avant des Régimens, semblent diriger à eux seuls l'exercice et le mouvement des troupes, tandis qu'ils ont toujours les regards fixés sur le Major, et prêtent l'oreille à ses Ordres.

Enfin les Députés de la Noblesse, au lieu de se déterminer grandement aux mesures qui pouvoient décider leur crédit, prirent une attitude de simples controversistes, en prolongeant à outrance les discussions sur la manière de vérifier les pouvoirs des Députés des trois Ordres. Ils auroient eu raison et parfaitement raison, dans leurs prétentions à cet égard, qu'en bonne politique, ils auroient dû se montrer beaucoup plus flexibles ; car ils ne pouvoient jamais seuls, ni avec le Clergé réuni, commencer les affaires et prendre des résolutions impératives ou susceptibles d'être converties en loi sans l'approbation du Monarque ; mais il n'en étoit pas de même des délibérations formées dans l'Ordre du Tiers-Etat : sa masse et son union avec la généralité de la Nation favorisoient le systême dont nous avons vu le développement, au moment où cet Ordre prit le parti de se constituer à lui seul Assemblée Nationale, et se considéra comme un centre auquel les Députés des autres Ordres seroient tôt ou tard obligés de se réunir. Jamais le Tiers-Etat n'eût fait un pareil essai de ses forces, et jamais il n'eût réussi, sans la conduite impolitique de la Noblesse et du Clergé. Une partie de la Nation, fatiguée des controverses qui retardoient la discussion des affaires publiques, saisit avidement un moyen irrégulier, mais un moyen pourtant de mettre en activité ses Représentans.

La roideur des Députés de l'Ordre de la Noblesse fut réellement incompréhensible, au moment de la vérification des pouvoirs, au moment de cette mesure, la première de toutes dans l'ordre des affaires. Le Tiers-Etat demandoit que la validité des élections de tous les Députés aux Etats-

Généraux, indistinctement, fût examinée par les trois Ordres réunis. La Noblesse et le Clergé vouloient au contraire que chaque Ordre exerçât privativement cette censure. Les raisons alléguées de part et d'autre exigeroient un développement qui seroit aujourd'hui sans intérêt; mais on est obligé de rappeler, comme une circonstance marquante dans l'histoire de ce tems-là, l'inutilité de tous les efforts du Gouvernement pour adoucir les esprits et pour les concilier (1). Le Roi instruit et inquiet de la persistance opiniâtre des trois Ordres dans leurs prétentions respectives, finit par exiger d'eux qu'ils nommassent des Commissaires pour discuter cette affaire chez le Garde-des-sceaux et en présence de ses Ministres. Les trois Ordres déférèrent à la demande du Roi; la conférence eut lieu; les explications, les débats se prolongèrent sans aucun rap-

(1) On a dit dans un ouvrage sur les commencemens de la Révolution, que le Roi auroit dû attribuer la vérification des Pouvoirs à des Commissaires de son choix. On a même ajouté que le Gouvernement s'étoit écarté des anciens usages, en n'adoptant pas cette mesure. Mais dans les procès-verbaux des Etats où l'on a parlé de la vérification des Pouvoirs, cette vérification paroît constamment avoir été faite par les Chambres respectives, et notamment on lit ces paroles dans le Rapport circonstancié de l'Assemblée de 1614, rédigé par Florimont Rapine. « Ce fait, on avisa à vérifier les Députés pour » savoir qui étoit bien Député ou qui ne l'étoit pas. » Chaque Gouvernement vérifie les Pouvoirs de son » Gouvernement. Au nôtre, qui est celui de Lyon, il » n'y en eut pas un qui ne fût trouvé bon ».

prochement, et après plusieurs heures de controverse, lorsqu'on étoit prêt à se séparer, je fis un résumé de la difficulté, et je présentai, de la part du Roi, un moyen d'accommodement qu'aucun des Ordres ne pouvoit décemment rejetter (1).

---

(1) En voici les termes :

« Les trois Ordres, par un acte de confiance libre et » volontaire, s'en rapporteroient les uns aux autres pour » la vérification des Pouvoirs sur lesquels aucune diffi- » culté ne s'éléveroit, et ils se communiqueroient leurs » actes de vérification pour en faire un examen rapide.

» Ils conviendroient de plus ;

» Que les contestations, s'il en survenoit, feroient » portées à l'examen d'une Commission composée des » trois Ordres ;

» Que ces Commissaires se réuniroient à une opinion ;

» Que cette opinion seroit portée aux Chambres » respectives ;

» Que si elle y étoit adoptée, tout seroit terminé ;

» Que si au contraire les décisions des Ordres étoient » en opposition sur cet objet, que si encore elles ne » paroissoient pas susceptibles de conciliation, l'affaire » seroit portée au Roi, qui rendroit un jugement final.

» Qu'on ajoute encore, si l'on veut, que ces conven- » tions sur la vérification des Pouvoirs, n'auroient au- » cune liaison avec la grande question de la délibération » par tête ou par Ordre. Que l'on ajoute encore que la » marche adoptée pour cette tenue d'Etats, seroit reprise » dans le cours de la session, afin de considérer si un » meilleur ordre de choses devroit être adopté pour l'a- » venir. Qu'on réunisse au fond de cette proposition » les précautions qui paroîtroient convenables ; mais » qu'on adopte enfin ce moyen de conciliation ou tout » autre, et que le Roi ne reste pas seul, au milieu de » sa Nation, occupé sans relâche de l'établissement de » la paix et de la concorde. Quels véritables citoyens » pourroient se refuser à seconder les intentions du meil- » leur des Rois ? Et qui voudroit charger sa conscience » de tous les malheurs qui pourroient être la suite de la » scission qui se prépare, au premier pas que vous faites, » dans une carrière où le bien de l'Etat vous appelle,

Aucune objection ne s'éleva d'abord; et les Commissaires parurent seulement vouloir se donner le tems de la réflexion et sonder l'opinion de leurs Chambres respectives. L'Ordre du Clergé accepta simplement et en entier la proposition du Roi; mais son exemple ne fut pas suivi par l'Ordre de la Noblesse qui fit des réserves et des distinctions équivalentes à un refus, et qui manqua même de prudence, en devançant la délibération du Tiers-Etat, et en se donnant ainsi un démérite que les Députés des Communes auroient peut-être partagé. Quoi qu'il en soit, les Députés du Tiers, profitant habilement de la résistance de l'Ordre de la Noblesse, dirent au Roi : « Nous étions » disposés à porter, dans l'examen de la » proposition de Votre Majesté, l'esprit de » confiance et d'amour qu'inspire à tous les » François la parfaite conviction de vos » intentions bienfaisantes. Mais la Noblesse, » par son Arrêté, vient de rendre la propo- » sition de conciliation absolument illusoire. » Et après son refus..... »

» où la Nation est impatiente de vous voir aller en » avant, et où les plus grands dangers nous environnent. » Ah! Messieurs, lors même que vous pourriez arriver » à ce bien par la division des cœurs et des opinions, » il seroit trop acheté. Le Roi donc vous invite à pren- » dre en considération sa proposition, et il vous presse » de tout son amour de l'accepter et de lui donner ce » contentement ».

Enfin, le Tiers-Etat arguant toujours de la réponse déclinatoire des Députés de la Noblesse, et déclarant qu'il étoit devenu *absolument inutile de s'occuper davantage* (de la proposition du Roi) *d'un moyen qui ne pouvoit plus être dit conciliatoire, du moment qu'il avoit été rejeté par l'une des Parties à concilier*, prit le célèbre Arrêté du 10 Juin, proposé par M. l'abbé Siéyes, où les Députés des Communes se constituèrent en *Assemblée active*, expression bientôt changée dans la dénomination d'*Assemblée Nationale*.

La Noblesse voulut alors revenir sur ses pas; mais il n'étoit plus temps. Sa première démarche avoit été sévèrement interprétée, et l'on commençoit à lui attribuer le désir secret d'arrêter, s'il étoit possible, la marche des Etats-Généraux.

Plusieurs Députés fortifièrent ce soupçon par leurs Discours et par leur conduite, et l'on put de bonne heure leur supposer le projet d'amener le Roi, par lassitude, à dissoudre une Assemblée où le Tiers-Etat se prononçoit avec tant de vigueur. L'aveuglement étoit extrême. Comment le Roi qui venoit d'obéir à la toute-puissance de l'opinion publique, en convoquant une Assemblée Nationale, eût-il acquis si promptement une autorité suffisante pour résister à cette même puissance; au moment de sa plus grande énergie ; au moment où elle étoit soutenue par la réunion des Représentans de la Nation ; au moment où toutes les espérances étoient encore dans leur première ferveur ? Un changement d'opinion de la part de la Noblesse et du Clergé, en le supposant général ; un repentir des Parlemens, en le supposant accompagné d'une renonciation positive à leur dernière doctrine ; toute cette révolution n'eût pas suffi pour encourager le Monarque à suivre tout à coup une marche rétrograde, et la tentative n'eût servi qu'à réunir aux embarras et à la crise dont on avoit voulu sortir, un discrédit mérité par une inconséquence éclatante et les effets incalculables d'une irritation universelle.

Il appartenoit à de sages Représentans de la Noblesse et du Clergé de voir toutes ces choses, et d'apprécier toutes ces considérations : c'étoit à eux d'aider le Gouvernement dans sa lutte contre les circonstances ; c'étoit à eux de juger avec esprit que des sacrifices modérés étoient devenus absolument nécessaires, et qu'une prudente flexibilité pouvoit mieux servir eux et le Roi, qu'une vaillante obstination.

On ne doit point le dissimuler, pour l'instruction de l'Histoire ; le Tiers-Etat, en se déclarant à lui seul Assemblée Nationale, en affectant de se passer du concours des deux premiers Ordres, en méconnoissant l'utilité des contre-poids dans une Constitution Monarchique, eut dès les commencemens des Etats-Généraux le genre de tort que l'on peut reprocher à une puissance usurpatrice; mais les deux premiers Ordres, et sur-tout les Députés de la Noblesse, ont commis, à cette même époque, toutes les erreurs qui appartiennent au défaut de politique, de circonspection et de prévoyance.

La nature de l'homme, qui le porte insensiblement à vouloir ce qu'il est en état d'exécuter, s'il y est appelé par son intérêt, explique la conduite du Tiers-Etat; mais la conduite de ceux qui ne mettoient aucun accord entre leurs volontés et leur pouvoir, est plus difficile à comprendre.

LA situation du Monarque, entre deux partis si opposés, étoit infiniment embarrassante. L'un ne demandoit que le libre usage de ses forces, ce qui ne pouvoit convenir à un Gouvernement sage; l'autre vouloit qu'on ramenât tout à la justice et au droit par des mesures violentes, ce qui ne pouvoit convenir à un Gouvernement instruit de la limite de ses moyens. Ainsi, l'un de ces deux partis désiroit qu'on ne fît aucun usage de l'Autorité Royale, et l'autre qu'on la compromît.

Chaque jour cependant le vœu national se

prononçoit davantage. Les raisons qui empêchoient les deux premiers Ordres de se réunir aux Représentans des Communes ; les raisons qui les empêchoient de souscrire à la vérification des Pouvoirs dans la forme proposée par le Tiers-Etat ; les raisons qui les empêchoient d'adopter aucune exception, aucun terme de conciliation ; toutes ces raisons eussent-elles été aussi bonnes qu'ils les supposoient, ne pouvoient être appréciées par le public. Le grand nombre des hommes ne saisit jamais que les idées simples, et l'on ne pouvoit éviter que la roideur ou la marche difficultueuse du Clergé et de la Noblesse, ne fût attribuée au désir de conserver des privilèges pécuniaires, contre lesquels on s'élevoit universellement. Grande faute à eux, on peut le redire, de n'avoir pas écarté, par une déclaration prompte et explicite, un sujet de défiance à la portée de tous les entendemens, et que l'intérêt personnel aide si bien à retenir.

Rien n'étoit plus intelligible en même tems que les mots et les idées dont le Tiers-Etat se servoit, pour attacher la grande masse des hommes à ses premières démarches ; car cet habile système en politique et en révolution, il l'a eu de très-bonne heure : ainsi la réunion des trois Ordres et la formation d'une seule Assemblée délibérante, n'étaient, selon ses discours, qu'une simple représentation de l'égalité des droits et de l'unité d'intérêt.

La division cependant croissoit entre les trois Ordres ; le Tiers-Etat menaçoit d'aller seul et développoit ouvertement ses vues. Le Clergé, la Noblesse, se tenoient en arrière, invoquant, à l'appui de leur système inactif, les loix ou les usages du Royaume. Ainsi tout étoit en stagnation par les uns, tout étoit près d'un mouvement irrégulier par les autres.

Le Gouvernement, témoin de cette opposition, en voyoit les dangers avec toute la France. Il avoit épuisé les invitations, les conseils, les idées et les moyens de conciliation ; il étoit tems de recourir de quelque manière à l'Autorité Royale, et le Monarque ne pouvoit différer d'intervenir avec éclat dans une si grande querelle, sans se montrer indifférent à la Majesté du Trône, à la réputation du rang suprême et à sa considération personnelle.

C'étoit l'avis unanime des Ministres, c'étoit l'opinion de tous les hommes éclairés, mais on ne s'accordoit point sur la nature de la démarche que l'on devoit conseiller au Roi, et en effet rien n'étoit plus difficile à résoudre. La connoissance du mieux abstrait ne suffit qu'à la toute-puissance, et l'Autorité Royale étoit bien loin alors d'avoir ce caractère. Il falloit donc, avant de la déployer, apprécier l'étendue de ses moyens et la force des résistances. Il étoit aisé d'appercevoir, que, pour être sage et pour éviter de diminuer encore cette Autorité en la mettant aux prises avec des difficultés invincibles, on ne pouvoit se dispenser d'étudier la disposition des esprits, de ménager l'empire des circonstances, et de proportionner le langage du commandement aux règles de la prudence et aux conseils d'une politique avisée.

Mais au milieu de ces idées générales il y avoit, comme toujours, de l'espace assez pour s'égarer et pour être embarrassé dans le choix de sa route; aussi toutes les opinions étoient errantes, et l'on ne savoit à quel parti s'arrêter. J'eus pareillement mes incertitudes, mais elles se fixèrent; et après avoir considéré mûrement toutes les dépendances d'une grande difficulté, qu'il falloit pourtant dénouer d'une ou d'autre manière, je formai le projet d'une Séance Royale, non pas tel qu'on a pu le supposer après la journée du 23 Juin 1789, mais tel que je l'avois présenté au Roi dans son Conseil, tel qu'il y fut approuvé d'abord universellement, et tel que je l'aurois soutenu par tous les moyens en mon pouvoir.

Je rendrai compte, en traitant ce sujet, de quelques particularités peu connues, mais je dois auparavant exposer la marche de mes réflexions.

SECTION IV.

Séance Royale du 23 Juin 1789.

Le Monarque, au milieu des circonstances que je viens de retracer, devoit absolument se montrer et marquer une volonté; il le devoit, et pour sa propre dignité, et pour arrêter les suites funestes de la discorde établie entre les trois Ordres, et pour mettre obstacle à la résolution prise par le Tiers-Etat de former à lui seul, s'il étoit nécessaire, une Assemblée Législative.

Le Roi ne pouvoit pas ordonner aux trois Ordres de délibérer séparément dans toutes les affaires; c'eût été commander le chaos, si l'un des trois eût persisté à n'avoir de rapport avec les deux autres que dans une Assemblée commune.

Le Roi ne pouvoit pas non plus ordonner, qu'en délibérant séparément, il y eût néanmoins un concert entre les trois Ordres. Comment faire observer une pareille disposition, quand l'une des Parties s'y refuse?

Le Roi ne pouvoit pas déclarer que les deux Ordres, disposés à délibérer séparément et à se tenir, en même tems, unis par des communications habituelles, formeroient à eux seuls les Etats-Généraux.

Il ne fût entré dans l'esprit de personne que le Roi pût faire des loix et des loix respectées, avec la Noblesse et le Clergé, et en ne tenant nul compte des dires et des faits du Tiers-Etat. Le tems de ces idées étoit passé; cinq siècles les avoient proscrites d'une manière irrévocable, et jamais, depuis l'existence de la Monarchie, il n'y avoit eu de moment moins convenable pour essayer de les remettre en crédit.

Cependant les contestations entre les Ordres, pour et contre une délibération commune, n'auroient pu justifier aux yeux de la Nation la dissolution inopinée des Etats-Généraux. Qu'on essaie du moins, auroit-on dit de toutes parts, qu'on essaie de cette union si naturellement indiquée, comme le moyen le plus prompt de mettre les Finances en ordre et de convenir d'un plan général d'administration. Le Roi n'est-il pas là avec toute sa puissance, pour résister aux idées dangereuses et pour arrêter les tentatives évidemment contraires au repos de l'Etat? Il sera tems alors d'exercer un acte éclatant d'autorité; mais ce n'est pas à des craintes incertaines qu'il faut sacrifier le bien, dont une espérance universelle semble être le garant. Voilà ce qu'on eût dit, voilà ce qu'on eût répété avec une force terrible, si le Gouvernement avoit donné pour motif de la dissolution des Etats-Généraux, les vœux absolus d'un des trois Ordres en faveur d'une délibération commune.

Il falloit donc continuer les Etats-Généraux, il le falloit au nom de la nécessité; et l'époque du 14 Juillet, à si peu de distance du 23 Juin, peut être ici rappelée à ceux qui, dans la recherche de la vérité, préfèrent la lumière des événemens à toute autre clarté.

Cependant, s'il étoit moralement impossible de dissoudre les Etats-Généraux; si trois Assemblées, traitant des affaires publiques sans concert et sans communication eussent été, comme je l'ai dit, une source de confusion; et si l'on eût évidemment compromis l'Autorité Royale, en ordonnant à la fois au Tiers-Etat, d'entretenir des rapports de confiance avec les autres Ordres et de renoncer à son vœu si fortement prononcé en faveur d'une délibération commune, le Roi dans ces circonstances n'avoit plus le choix entre plusieurs partis; il devoit absolument, sous peine en quelque manière de se faire oublier lui-même, favoriser avec prudence la réunion des trois Ordres. Et pouvoit-il convenir à sa dignité que cette réunion fût l'ouvrage de la puissances du Tiers-Etat assisté par l'opinion publique? Cependant on appercevoit clairement que les Députés des Communes étoient à la veille d'obtenir ce triomphe. On étoit averti qu'une partie des Membres de la Noblesse et du Clergé ne tarderoient pas à se réunir d'eux-mêmes au Tiers-Etat, et à fortifier ainsi le systême d'une Assemblée unique et d'une délibération commune. On devoit prévoir enfin que cette démarche entraîneroit tôt ou tard des imitateurs, et que chaque jour les premiers dissidens seroient suivis par d'autres.

Ainsi, laissant à part le jugement que l'Administration devoit porter sur la réunion des trois Ordres et sur le rapport de cette mesure avec le bien de l'État, toujours étoit-il certain, qu'une saine politique commandoit au Gouvernement de lier à l'autorité du Prince un événement inévitable; qu'elle lui commandoit de disputer aux Représentans du Tiers-Etat la faveur publique, et d'enlever à leurs conquêtes la part qui devoit composer le lot du Monarque, la part qui pouvoit restituer au rang suprême un crédit dont la défaillance devenoit chaque jour plus réelle et plus apparente.

Il me sembloit encore que le Roi, déterminé à provoquer la réunion des trois Ordres, devoit le faire d'une manière éclatante, non-seulement pour réhausser le prix de son intervention, en la présentant comme décisive, mais encore afin de rendre moins pénible aux Députés des deux premiers Ordres, la déférence que les circonstances exigeoient d'eux. Ils sentoient, sans l'avouer, qu'il étoit indispensable de revenir de leur premier engagement contre toute délibération commune entre les trois Etats : un grand acte d'autorité venoit à leur aide ; et plus le Prince y mettoit de solemnité, plus il sauvoit leur amour-propre et soulageoit leur anxiété.

Enfin le Monarque, en prenant le parti de se montrer avec appareil aux Etats-Généraux, devoit exposer d'une manière plus précise et plus étendue qu'il ne l'avoit fait jusques alors, ses vues pour le bien public et ses dispositions particulières en faveur du Peuple ; il le devoit, et pour rendre la Nation confidente des véritables sentimens de son cœur, et pour donner à ses intentions libérales un caractère d'authenticité, capable d'en imposer aux interprétations de la calomnie ; il le devoit encore pour acquérir à son autorité de nouveaux partisans et de nouveaux amis, et pour lutter avec avantage contre les efforts d'un parti, qui vouloit, en caressant, en courtisant l'opinion publique, se rendre maître d'elle et donner des loix en son nom.

Sans-doute une grande question se présentoit encore. Le Roi devoit-il ordonner purement et simplement la réunion des trois Ordres, sans y mettre aucune réserve, sans y apporter aucune condition ? C'étoit le vœu des Députés du Tiers-Etat; mais on n'étoit pas encore réduit alors à porter si loin la déférence envers eux. Je croyois donc qu'au moment où le Monarque viendroit décider lui-même cette réunion, l'Autorité Royale auroit assez de force pour y imposer une restriction raisonnable.

Il suffisoit à l'avancement des projets d'ordre et de réforme dont la France étoit impatiente, il suffisoit au vœu national que les affaires générales pussent être traitées, dans une Assemblée commune, et décidées à la majorité des suffrages; et le Roi favorisant cette disposition, le Roi se prononçant encore ouvertement contre le maintien des privilèges pécuniaires, il pouvoit, il devoit garantir de toute atteinte les propriétés, les rangs et les distinctions des deux premiers Ordres, et soustraire avec fermeté les questions de ce genre à la discussion et à l'autorité d'une seule Assemblée. Il pouvoit, il devoit de même rappeler les droits et les prérogatives de sa Couronne, et marquer d'une manière imposante qu'il les connoissoit, et qu'il vouloit, qu'il sauroit les défendre. Le moment sembloit indiqué pour tenir haut, sans imprudence, le langage du Monarque, et pour relever ainsi dans l'opinion la Majesté du Trône.

Je viens de donner une idée succincte des conditions qu'il falloit remplir en donnant un conseil au Roi, à l'époque où je me suis placé. Je me proposois de transcrire ici littéralement le projet que j'avois formé pour une Séance Royale ; mais lorsque j'ai redemandé mon manuscrit à la personne que j'en avois fait dépositaire en quittant Paris, elle a répondu, que, durant les frayeurs inspirées par des inquisitions tyranniques, elle avoit jeté ce manuscrit au feu. Il faût le croire, et je le crois ; mais je suis sûr que le Roi et des Ministres en avoient gardé un exemplaire : je présume que des Commissaires du Conseil et les Princes encore vraisemblablement, en avoient pris copie ; ainsi quelque jour, je n'en doute point, il sera rendu public ; et cependant je vais faire connoître le projet même, par ses traits principaux. On a dit qu'il avoit été suivi de si près dans la Déclaration du 23 Juin, qu'un changement de mots, une transposition de phrases formoient l'unique sujet de mes reproches. Mais par qui ce discours a-t-il été tenu ? Par des personnes qui vouloient, après l'événement, m'associer à la mauvaise issue de leurs conseils, de ces conseils pourtant que j'avois, ils le savoient bien, combattu de toutes mes forces.

Sans-doute la Déclaration du 23 Juin

ressembloit au plan que j'avois donné, et le plus souvent elle en étoit une copie ou une imitation parfaite. Mais que signifie cette similitude partielle quand il est question d'une organisation politique? C'est souvent à une seule disposition principale que les diverses parties d'une conception sont attachées; et quand on altère cette disposition, il faudroit changer de même toutes ses dépendances; autrement rien n'est plus ensemble, rien ne reste en accord.

Le Monarque, dans le projet qu'il avoit d'abord adopté au milieu de son Conseil, enjoignoit aux trois Ordres de se réunir pour délibérer en commun sur toutes les affaires générales : c'étoit le but essentiel de la Séance Royale; cependant la surveille on substitue, à cette disposition impérative, une simple exhortation au Clergé et à la Noblesse, conçue en ces termes!

« J'attends du zèle, pour la Patrie, des » deux premiers Ordres, j'attends de leur » attachement pour ma Personne, j'at- » tends de la connoissance qu'ils ont des » maux urgens de l'Etat, que dans les » affaires qui regardent le bien général ils » seront les premiers à proposer une » réunion d'avis et de sentimens, que je » regarde comme nécessaire dans la crise » actuelle, et qui doit opérer le salut » l'Etat. »

Certainement, si cette réunion des Ordres devoit, ainsi que le Roi lui-même le disoit, *opérer le salut de l'Etat*, il falloit la provoquer autrement que par une exhortation, dès qu'on avoit eu le tems d'éprouver l'inutilité de cette forme. En effet, une exhortation a-peu-près semblable leur avoit été adressée, sans aucun succès, dès l'ouverture des Etats-Généraux, et les instances particulières n'avoient pas mieux réussi. Enfin, une preuve évidente de l'insuffisance des recommandations, c'est qu'après avoir entendu, le 23 Juin, de la bouche du Roi les paroles que je viens de transcrire, les deux premiers Ordres continuèrent à délibérer séparément. Il est vrai, que, dans la précipitation apportée par de nouveaux ouvriers à la modification de mon plan et à sa rédaction, on avoit mis de la contradiction entre le commencement du discours du Roi et sa fin, car on le terminoit ainsi : *Je vous ordonne, Messieurs, de vous séparer tout de suite, et de vous rendre demain matin chacun dans les Chambres affectées à votre Ordre pour y reprendre vos séances.*

Et c'étoit pour adresser un tel commandement aux Etats-Généraux, c'étoit pour laisser toutes les difficultés en leur entier, c'étoit pour les nouer encore davantage, qu'on appeloit avec éclat les Députés de la Nation autour du Trône. On a peine à comprendre une pareille résolution.

La Séance Royale du 23 Juin n'étoit pas une de ces Assemblées périodiques et solemnelles, dont on cherche à se tirer avec plus ou moins de convenance; elle n'étoit nécessaire, elle n'étoit utile qu'à de certaines conditions. Personne n'y pensoit lorsque j'en donnai l'idée, au milieu des embarras où se trouvoit le Gouvernement; et j'étois bien éloigné, en proposant cette séance extraordinaire, de la considérer comme un cadre que l'on pouvoit remplir à sa fantaisie.

Indiquons un autre changement de la plus grande importance. Le Roi, dans le projet qu'il avoit d'abord adopté, se réservoit, de la manière la plus formelle, le droit d'approuver ou de rejetter les dispositions civiles et politiques qui lui seroient présentées par les Etats-Généraux; mais en même tems, il n'entreprenoit pas de soustraire à leur délibération commune, l'examen des défauts inhérens à la vieille Ordonnance des Etats-Généraux et la recherche des moyens de perfection. Le Monarque seulement écartoit avec vigueur les idées naissantes sur la constitution de ces Etats en une seule Assemblée, et il déclaroit d'une manière positive qu'il refuseroit son assentiment à toute espèce d'organisation législative qui ne seroit pas composée au *moins de deux Chambres.* On sentit fort bien dans le Conseil, que par cette énonciation le Roi faisoit un pas vers une Constitution semblable à la Constitution d'Angleterre; mais on commençoit à découvrir le mérite et le prix d'une terminaison de ce genre, en voyant la marche graduelle de l'opinion et la fermentation des esprits.

Disons maintenant comment ces dispositions sages furent changées, et presque en un moment. Le Roi d'abord excepta formellement de toute délibération commune *la forme de Constitution à donner aux prochains Etats-Généraux.* N'étoit-ce pas compromettre évidemment son autorité? car on le déterminoit à interdire ce qu'il ne pouvoit empêcher. Et qu'eût-on gagné à trois délibérations séparées sur la Constitution? Ne valoit-il pas mieux, que nommément pour cette question, la réunion des deux premiers Ordres au troisième servît à modérer les exagérations du Tiers-Etat? On saisit, on dut saisir l'interdiction inconsidérée prononcée par le Roi, comme un projet formé d'arrêter ou de rendre nul toute espèce de travail d'amélioration, sur la Constitution des Etats-Généraux. Et pouvoit-on avoir une autre opinion, lorsqu'on rapprochoit de cette interdiction le premier article de la Déclaration du Roi, article également de l'invention de ses nou-

veaux Conseillers, et où l'on disoit: « Le
» Roi veut que l'ancienne distinction des
» trois Ordres de l'Etat soit conservée en
» son entier, comme essentiellement liée à la
» Constitution de son Royaume; que les
» Députés librement élus par chacun des
» trois Ordres, formant trois Chambres,
» délibérant par Ordre, et pouvant avec
» l'approbation du Souverain, convenir de
» délibérer en commun, puissent seuls
» être considérés comme formant le Corps
» des Représentans de la Nation ».

Ainsi, selon cette décision, si elle avoit eu l'autorité qui lui manquoit, trois Ordres séparés auroient dû former à perpétuité la Constitution Législative de l'Etat, hors les occasions où quatre volontés se seroient réunies en faveur d'une délibération commune. L'idée étoit-elle sage, et les moyens de la faire prévaloir existoient-ils ? On marquoit toutefois l'opposition du Monarque au vœu de la France; et en discréditant ses intentions, on lui ôtoit l'appui de l'opinion publique, sans lui rien donner en échange; car la reconnoissance des deux premiers Ordres ne pouvoit le sauver d'aucun embarras, et cette reconnoissance même du Clergé et de la Noblesse n'étoit pas méritée, si l'on compromettoit l'autorité qui devoit servir d'égide à leurs intérêts les plus essentiels.

L'article par lequel le Roi abrogeoit, de la manière la plus décisive, tous les privilèges en matières d'imposition, cet article fut encore changé, et l'on y substitua des expressions incertaines et qui soumettoient la question à la volonté généreuse des deux premiers Ordres. La Déclaration du Roi disoit, Article IX : « Lorsque les dispositions » formelles annoncées par le Clergé et la » Noblesse, de renoncer à leurs privilèges » pécuniaires, auront été réalisées par leurs » délibérations, l'intention du Roi est de les » sanctionner, et qu'il n'existe plus dans le » paiement des contributions pécuniaires au» cune espèce de privilèges ou de distinc» tions ».

Enfin, la permanence du droit Législatif des Etats-Généraux, sous la sanction du Monarque, étoit aussi rendue avec beaucoup d'obscurité dans la nouvelle rédaction ; mais je n'étendrai pas plus loin ce parallèle.

J'en ai dit assez pour montrer de quelle gravité, de quelle conséquence, étoient les changemens apportés tout-à-coup à un projet approuvé par le Roi dans son Conseil. Et en effet, ne plus ordonner la réunion des Ordres, ne plus abolir formellement les privilèges en matières d'imposition, et défendre aux Députés des trois Etats de délibérer en commun, sur des modifications que a désuétude des Assemblées politiques et leur vieille Ordonnance rendoient indispensables, c'étoit tout, absolument tout ; c'étoit dénaturer le but de la Séance Royale, c'étoit irriter la Nation au lieu de la mettre pour soi. Où voit-on là, je le demanderai, où voit-on là de simples variantes, de simples changemens de phrases, ainsi qu'on le répandoit faussement et malignement, à une époque où je ne pouvois rien expliquer ?

Il est vrai que je fis aussi remarquer plusieurs altérations, et dans le dispositif de la Déclaration du Roi, et dans les discours du Prince, toutes destinées, je le croyois, à faire paroître rudes ou impérieuses des paroles qui, avec d'autres nuances, étoient simplement nobles et élevées. On eût dit que les Magistrats, auteurs de la nouvelle rédaction, imaginoient pouvoir avec des traits de plume fixer irrévocablement les droits politiques du Monarque ; et dans cette illusion, inattentifs à la situation des affaires, ils compromirent l'Autorité Royale avec une mal-adresse impardonnable. Il me souvient encore de la longueur d'une dispute, sur l'admission de tous les citoyens indistictement aux Offices civils et militaires. Je voulois qu'à la Séance Royale, le Monarque se donnât le mérite de briser lui-même les entraves apportées, par de simples réglemens du Conseil, à une disposition si raisonnable. Il ne faut pas, me dit-on magistralement, que le Roi accorde encore cette faveur, (c'étoit le mot) cette faveur au Tiers-Etat. Mais dans quinze jours il y sera forcé par le mouvement public, et alors on regrettera de n'avoir pas fait à tems, avec dignité, ce qu'on fera, de prudence ou de crainte, dans un autre moment. On persista dans l'opinion que je combattois; elle fut adoptée, et tout ce que j'avois prédit arriva. Les Légistes en général sont de mauvais conseillers dans les grandes circonstances; ils ont contracté la longue habitude de choisir entre deux points; et le troisième, le quatrième, ils ne le cherchent pas.

Le Roi, dans sa Déclaration, adopta cette longue suite d'articles où j'avois exprimé ses intentions et ses vues, sur la liberté personnelle, l'abolition des impôts onéreux au Peuple et la réforme des diverses parties d'Administration. Mais l'ensemble de ces dispositions avoit trop ébloui les Princes et leurs Conseils; ils s'exagérèrent l'impression qu'elles devoient produire sur l'esprit de la Nation, et ils sacrifièrent, avec plus de liberté, les intérêts dont la France étoit alors essentiellement occupée. Quel prix cependant pouvoit conserver dans l'opinion les assurances du Monarque et ses louables dispositions, lorsqu'elles n'étoient accompagnées d'aucune garantie constitutionnelle ? On avoit vu des sentimens pareils exprimés dans plusieurs discours des Monarques François aux Etats-Généraux ; l'on ne vouloit plus accorder sa confiance à aucune parole. Et peut-être que sans l'estime due au caractère de Louis XVI, sans la part que l'on adjugea bientôt à l'intrigue et à sa puissance, on auroit mal jugé des intentions du Roi, en voyant que sa Déclaration frappoit d'inaction les Etats-Généraux, ou soumettoit du moins leur mouvement au libre arbitre de deux Ordres, dont les vues étoient devenues suspectes.

MAIS ne l'a-t-on pas dit ? Dans ce plan donné par M. Necker, dans ce plan que le Monarque et ses Ministres avoient approuvé trop légérement, l'Autorité Royale étoit évidemment sacrifiée. Oui, sans-doute, on l'a dit ; mais c'étoit l'opinion ou le propos de quelques juges sans coup-d'œil et sans prévoyance. Je l'avois soignée cette Autorité autant qu'il étoit possible. Le défaut de mon projet étoit sa trop grande hardiesse ; et décidé que j'étois à le soutenir, je risquois, comme je le dis au Roi, comme j'en fis l'aveu dans mon intimité, je risquois tout ce que je pouvois risquer. Expliquez-vous. Je le ferai, je le dois, et malheureusement à plusieurs reprises ; tant l'attention qu'on apporte aux événemens les plus compliqués est légère ou superficielle. Daignez donc m'écouter.

D'abord, lorsque je me servois de l'autorité du Roi, et pour décider les deux premiers Ordres à délibérer avec le Tiers-Etat sur les affaires d'une utilité générale, et pour abroger formellement les privilèges en matière d'imposition, et pour annoncer l'admission de tous les citoyens aux emplois civils et militaires; loin de sacrifier cette Autorité, je la relevois, en ménageant au Roi le moyen de prescrire ce que la force des choses alloit incessamment commander. Cependant saisissant, comme je le faisois, l'occasion passagère de rapporter au vœu du Roi des décisions si généralement souhaitées; assurant, au milieu des inquiétudes renaissantes, la marche et l'action des Etats-Généraux; laissant à ces Etats la liberté de chercher, dans une Assemblée commune, les idées et les mesures propres à donner une forme constitutionnelle au Gouvernement; enfin, accompagnant ces importantes dispositions de toutes les vues générales de bien public exprimées dans la Déclaration du Roi, il seroit résulté, je le crois, d'un tel ensemble, un si grand mouvement d'amour et de confiance envers le Prince et envers le Gouvernement, que l'Autorité Royale, aidée alors de l'opinion publique, auroit pu diriger les Etats-Généraux ou les tenir du moins en respect (1). Oui, dès les commence-mens d'une lutte politique, dont les premiers

---

(1) Je dois à la mémoire de Louis XVI de rappeler en peu de mots les volontés bienfaisantes ou généreuses qu'il manifesta dans sa Déclaration du 23 Juin. Invariable à cet égard, il n'auroit pas permis aux nouveaux Rédacteurs de cette Déclaration, de faire aucun changement à les dispositions que son cœur avoit dictées.

Il alloit au-devant des précautions nécessaires pour mettre des bornes fixes à toutes les dépenses publiques, et il assujettissoit à la même règle les dépenses particulières à sa Personne et à l'entretien de sa Maison.

Il se montroit inquiet de la dette publique et marquoit, en ces termes, l'intérêt qu'il prenoit au maintien de tous es engagemens. « Les Représentans d'une Nation fidèle aux loix de l'honneur et de la probité, ne donneront aucune atteinte à la foi publique, et le Roi attend d'eux que la confiance des Créanciers de l'Etat soit assurée et consolidée de la manière la plus authentique ».

Il demandoit que la Taille fût remplacée par un autre revenu, et que le nom même de cet impôt, l'alarme des campagnes, fût pour toujours aboli.

Il exprimoit le même vœu sur le droit de Franc-Fief, sur ce droit dont j'ai déjà parlé, et qui avoit été si long-tems un sujet d'humiliation pour les hommes du Tiers-Etat.

Il invitoit l'Assemblée à rechercher les moyens qui pourroient permettre d'abroger les lettres-de-cachet, et d'interdire l'usage d'aucune autorité arbitraire.

Il confirmoit l'établissement des Etats Provinciaux, et offroit de détacher de l'Administration générale toutes les parties qui pourroient être dirigées par ces Etats, avec plus de soin ou avec plus d'avantage pour les Peuples.

L'établissement des Douanes aux frontières, la réforme des Gabelles et des Aides, l'abolition irrévocable des corvées et des droits de main-morte, la restriction du droit de chasse, la substitution d'un enrôlement régulier au tirage de la milice, et d'autres amendemens encore fixoient l'intérêt du Monarque; et à la suite des nombreux articles où l'on indiquoit les dispositions bienfaisantes dont le Chef de l'Etat se montroit impatient, il en étoit un le plus remarquable de tous et qui, exprimant en ces termes un beau sentiment de Louis XVI, mérite d'être réuni à son nom et à sa mémoire :

signaux furent apperçus de si bonne heure, le triomphe devoit appartenir à l'Autorité qui seroit soutenue de l'opinion publique; et avec cette assistance, avec l'auguste cortège de la justice et de la raison, et peut-être avec la popularité dont je jouissois alors, j'eusse fait plier ces mêmes hommes, qu'on a vu si fiers et si hautains au moment où les fautes de la Cour et les fautes des deux premiers Ordres les ont mis seuls en possession de la faveur Nationale.

Soit, dira-t-on ici, voilà votre opinion, et chacun selon son goût peut y croire ou la mettre en doute; mais pour caution de votre propre foi, indiquez-nous les dispositions hardies qui se trouvoient dans le projet de Séance Royale, adopté par le Roi sur votre conseil et sur votre rapport. Où sont-elles ces dispositions? car, de votre aveu, tout étoit prudence, et dans la réunion obligée des trois Ordres, et dans l'abolition des privilèges pécuniaires, et dans l'admission

---

« Le Roi veut que toutes les dispositions d'ordre public » et de bienfaisance envers ses Peuples, que Sa Majesté » aura sanctionnées par son Autorité pendant la présente » tenue des Etats-Généraux, celles entr'autres relatives » à la liberté personnelle, à l'égalité des contributions, » à l'établissement des Etats Provinciaux, ne puissent » jamais être changées sans le consentement des trois » Ordres, pris séparément. *Sa Majesté les place à l'a-* » *vance au rang des propriétés nationales, qu'Elle veut* » *mettre, comme toutes les autres propriétés, sous la* » *garde la plus assurée* ».

de tous les citoyens indistinctement aux offices civils et militaires. Voyons donc la hardiesse.

Il y en avoit alors, et beaucoup, à prononcer avec décision :

1.° Que les prérogatives honorifiques attachées aux personnes, et les droits appartenant aux Terres, ne pourroient éprouver de modification sans l'avis des trois Ordres pris séparément.

2.° Que le Roi ne donneroit jamais son approbation à l'établissement constitutionnel d'un Corps Législatif composé d'une seule Chambre.

3.° Que le Roi s'opposoit formellement à l'admission des étrangers dans la salle des Assemblées délibérantes.

4.° Que le Roi se réservoit le Pouvoir Exécutif dans sa plénitude, et notamment l'administration de l'Armée.

5.° Que toutes les dispositions civiles et politiques des Etats-Généraux devoient être soumises à la sanction du Monarque (1).

Que l'on rapproche ces dispositions de l'esprit qui commençoit à se développer à la

(1) Ce principe n'étoit pas rappelé dans un article, mais dans le Discours du Roi. « Réfléchissez, Messieurs, » qu'aucun de vos projets, aucune de vos dispositions ne » peut avoir force de Loi sans mon approbation spéciale. » Ainsi je suis le garant naturel de vos droits respectifs, » etc, etc. »

fin de Juin 1789, et l'on jugera si elles avoient un caractère de timidité; mais la sauve-garde de la Monarchie y étoit attachée, et aucune ne contrarioit l'établissement d'une liberté sage : ainsi j'aurois rempli tous mes devoirs en les soutenant avec courage et avec vigueur; mais pour y réussir, il ne falloit pas ôter au Gouvernement l'appui de l'opinion publique. Je conseillois exactement ce qu'il falloit pour la gagner, et rien de plus. On devoit s'en fier à moi pour une telle appréciation; et certes je la connoissois mieux cette opinion publique, je la connoissois mieux que des courtisans brouillés avec elle depuis si longtems.

On présuma faussement que si un homme, réputé populaire, alloit jusques à tel terme, on pouvoit dépasser sans inconvénient cette limite. On aurait apperçu, en y regardant bien, que je n'avois aucun culte politique, et que je suivois la raison par-tout où je croyois distinguer sa lumière; mais on trouva plus commode d'adopter une seule idée, et de rapporter tout à elle.

Enfin on réussit; on me força dans mes mesures, et l'on y parvint, en détachant le Roi de son premier avis, et en obtenant de sa part une déférence au plus funeste conseil qui lui ait jamais été donné. Quel malheur ! quelle faute !

Retraçons des particularités dont le souvenir m'accable encore en ce moment.

Ce fut, comme je l'ai dit, dans un moment où l'intervention du Monarque au milieu des Etats-Généraux paroissoit indispensable, et dans un moment où toutes les idées encore errantes tenoient le Gouvernement en anxiété, que je formai le projet d'une Séance Royale. Je m'empressai de communiquer mes idées aux Ministres dont le suffrage étoit le plus éclairé, et ils y donnèrent un assentiment qui tenoit de l'enthousiasme. Ils trouvèrent l'idée courageuse, la marche prudente, et ils me le dirent, ils me le répétèrent de cent manières différentes. Il y eut ensuite des Comités réguliers chez le Roi, où toute l'affaire fut discutée, et une approbation pleine et entière de la part du Prince se réunit à la voix, alors unanime, de ses Ministres. Un Conseil d'Etat fut assigné pour la dernière lecture, et ce Conseil se tint à Marly, où le Roi venoit de se rendre. La lecture se fit; un ou deux Ministres présentèrent quelques observations de détail, mais sans importance; et un accord d'opinions presque parfait ayant régné pendant la tenue du Conseil, on s'occupoit des mesures d'exécution, on examinoit s'il falloit plus de vingt-quatre heures pour les préparatifs de la salle où la Majesté Royale devoit se déployer, et l'on convenoit unanimement de la nécessité absolue d'une grande accélération. Il ne restoit plus qu'à fixer le jour, et le surlendemain étoit presque indiqué. Un dernier mot du Roi terminoit le Conseil, et déjà les porte-feuilles se refermoient, lorsqu'on vit entrer inopinément un Officier de service; il s'approcha du fauteuil du Roi, lui parla bas, et sur-le-champ Sa Majesté se leva, en ordonnant à ses Ministres de rester en place, et d'attendre son retour. Ce message, au moment où le Conseil étoit près de sa fin, dut nous surprendre tous. M. de Montmorin, assis près de moi, me dit sur-le-champ: « Il n'y a rien de fait; la Reine seule a pu se permettre d'interrompre le Conseil d'Etat; les Princes apparemment l'ont circonvenue, et l'on veut, par sa médiation, éloigner la décision du Roi. ». Cette présomption de M. de Montmorin n'étoit que trop naturelle, car déjà des murmures confus avoient averti qu'on avoit décidé le voyage de Marly, pour être plus à portée d'environner le Roi, et de combattre dans son esprit les plans du Ministère. Cependant je doutois de ces rapports, et, comme il m'arrivoit souvent, je me fiois à la force de la raison du soin de combattre et d'écarter toutes ces tentatives intérieures, toutes ces tentatives que d'autres appeloient intrigues, en croyant bien connoître et leurs premières causes et leurs premiers mobiles.

Le Roi rentra dans le cabinet du Conseil après une absence d'une demi-heure, et prorogeant la délibération dont on venoit de s'occuper, jusques à un premier Conseil d'Etat, il suspendit sa décision, ses ordres, et tout fut arrêté. On lui parla cependant des inconvéniens qui naîtroient infailliblement de ce retard; on lui représenta que le bruit d'une division entre les personnes admises à sa confiance affoibliroit l'ascendant de son autorité; on se permit de l'avertir qu'au milieu de la fermentation des esprits, les hésitations, les incertitudes, multiplieroient les soupçons, et donneroient encore aux chefs de parti tous le tems nécessaire pour préparer une opposition redoutable. Le Roi persista dans sa détermination. Le nouveau Conseil d'Etat se tint deux jours après à Versailles, et Sa Majesté jugea à propos d'y appeler, non-seulement ses Ministres ordinaires, mais encore les deux Princes ses frères et quatre Magistrats qui n'y avoient jamais eu séance.

Nous vîmes bientôt qu'il y avoit un plan formé pour déranger nos vues, et pour attaquer le projet adopté par le Ministère et approuvé par Sa Majesté. On avoit tenu des conférences secrètes, on avoit agi auprès du Roi, et déjà son opinion paroissoit changée. C'étoit principalement la réunion des Ordres qu'on vouloit empêcher. Je crois en avoir montré la convenance et la nécessité, ainsi je ne rappellerai pas les raisonnemens dont je me servis pour plaider cette cause. Les Ministres du moment, les plus distingués par leur esprit et par leur sagesse, me soutinrent avec fermeté, et l'on n'obtint d'abord sur nous qu'un avantage incertain. Le Roi décida seulement, que, pour trouver un moyen de conciliation entre les différens avis agités en sa présence, on se rassembleroit chez M. le Garde-des-sceaux, et l'un des Magistrats appelés au Conseil par extraordinaire, fut chargé plus particulièrement de se concerter avec moi. Nous nous vîmes. Je cédai sur tout ce qui n'étoit pas à mes yeux d'une nécessité absolue; et cependant chacune de ces complaisances me coûtoit, tant j'étois persuadé que le défaut de mon projet étoit sa trop grande hardiesse au milieu des circonstances. Nous nous séparâmes après une discussion détaillée, et qui se termina par un accord entier. Il me parut pleinement persuadé qu'on ne pouvoit demander aucun autre changement sans dénaturer le projet, et je crus pour la seconde fois que tout étoit fini. Je me trompois. On fit tant et toujours du même bord, que dans l'espace de deux fois vingt-quatre heures, et à la veille de la Séance Royale, on obtint du Roi de ne point exiger la réunion des Ordres, de ne l'exiger à aucune condition

condition, et d'adopter un systême absolument opposé. Jamais changement plus important ne fut déterminé en si peu de tems, et mon affliction égala ma surprise. Je voyois manifestement qu'on engagoit le Roi dans une route imprudente, et où il seroit incessamment forcé de rétrogader. Je n'épargnai rien pour le détourner d'une si fausse démarche, et pour le ramener aux idées et au plan qu'il avoit d'abord adoptés. M. de Montmorin et M. de St. Priest, entre tous les Ministres, se réunirent à moi avec le plus de chaleur; ils parlèrent au Roi l'un et l'autre en particulier, et je suis sûr que M. de Montmorin lui envoya, par écrit, un extrait succinct des raisons les plus propres à faire impression sur son esprit; mais nous eûmes tous le malheur d'échouer. Il est vrai que du moment où nous eûmes connoissance du grand changement survenu dans l'opinion et dans la volonté du Roi, jusques à la Séance Royale, l'intervalle étoit si court, que nous n'eûmes pas assez de tems pour traiter l'affaire à diverses reprises, et pour faire usage de tous les moyens de persuasion. Nos antagonistes n'avoient que trop bien combiné leurs dispositions. Trop bien! Que dis-je! Je parle dans leur sens, car le mal qu'ils ont fait est incalculable.

On demandera de quel argument ils se servirent : toujours du même, hors les discours secrets que je n'ai point entendus; toujours de l'obéissance respectueuse due à la Constitution Françoise ; et cette Constitution, toute en usage et nulle part écrite, devoit, sous l'autorité d'une tradition, interdire irrévocablement la réunion des trois Ordres ; elle le devoit, n'importe la différence des tems, la situation des affaires et les besoins de l'Etat. Quelle idée extrême! Et combien d'explications n'exigeoit pas un principe qu'on croyoit si simple !

J'ai déjà montré qu'une Constitution politique, pour conserver le caractère imposant dû à son antiquité, devoit être transmise d'âge en âge à une Nation, non par des souvenirs épars consacrés dans ses archives, mais par une continuité d'existence ; condition essentielle, condition indispensable pour garantir, au moins en quelques points, l'accord de cette Constitution avec les mœurs et les opinions d'un Peuple, avec ses usages et ses habitudes.

J'ai montré que la reprise d'une Constitution politique sans-cesse interrompue, et de plus, complètement oubliée depuis deux siècles, étoit une véritable innovation quand tout avoit changé dans l'intervalle. Et comme l'esprit des loix a précédé les loix, c'étoit manquer au respect pour l'antiquité que de rejeter toute espèce de modification à la Constitution des trois Ordres, délibérant et votant séparément, lorsqu'aucun de ces Ordres n'étoit ce qu'il avoit été.

J'ai montré de plus que, dans le siècle présent, le mépris pour l'autorité de l'opinion publique, et, dans tous les tems, l'indifférence aux loix de la nécessité, étoient des sentimens aveugles et propres à égarer les hommes qui s'y livroient.

Que l'on apprécie ces réflexions, qu'on les étudie à la place où je les ai développées dans cet Ouvrage. Que l'on médite de même les autres considérations que j'ai présentées, et l'on jugera s'il étoit difficile de répondre à l'argument employé par les Princes et par leurs Conseils, à cet argument tiré de l'ancienne Constitution Françoise, et qui devoit déterminer le Monarque à rejeter les idées médiatrices dont les circonstances imposoient si visiblement l'obligation. C'étoit pourtant un léger sacrifice de la part des amis d'une Constitution si longtems oubliée, c'étoit un leger sacrifice de leur part que la réunion des trois Ordres, pour délibérer en commun sur les affaires communes; c'étoit un léger sacrifice de leur part, si à ce prix, comme je l'espérois alors, l'on eût pu réserver aux deux premiers Ordres un droit d'exception, pour les questions relatives à leurs propriétés honorifiques ; c'étoit un léger sacrifice, si à ce prix, comme je l'espérois alors, l'on eût pu fortifier l'Autorité suprême de toute l'autorité de l'opinion nationale ; si à ce prix enfin on eût pu garantir au Monarque la plénitude du Pouvoir Exécutif, et la part qui lui appartenoit dans la confection de toutes les loix civiles ou politiques.

Quelle erreur ! je ne puis trop le dire, quelle erreur on commettoit en sacrifiant des vues si essentielles, pour garder un respect sans bornes et sans modification, à une Constitution effacée de tous les souvenirs, à une Constitution tirée soudainement du fond des ténébreuses archives où elle restoit ignorée depuis si longtems ! Jamais scrupule d'obédience ne fut porté si loin et n'eut de si grandes conséquences. La Constitution, la Constitution, voilà ce qu'on répétoit sans raisonnement, sans discussion et presque par forme de psalmodiation dans ces conférences où j'appris seulement, où j'appris de nouveau combien les idées simples ont de force contre les idées composées.

Cependant la négligence avec laquelle on considéroit, et les grands changemens survenus en France depuis deux siècles, et la singularité du tems présent, me paroissoit presque ridicule : on eût dit que jamais on n'avoit rien cédé à l'autorité des circonstances ; on eût dit que la Constitution dont on parloit avoit été suivie sans interruption et sans altération depuis l'origine de la Monarchie. Mais où étoit-elle cette Constitution primordiale, lorsque les Champs de Mars, eux-mêmes si peu connus et si diversement expliqués par les Annalistes, furent laissés dans l'oubli sous les successeurs de Charlemagne? Où étoit-elle lorsque le Pouvoir Judiciaire, Administratif et Militaire, furent si longtems confondus ensemble et réunis dans les mêmes mains? Où étoit-elle lorsque l'Eglise croyoit avoir le droit de donner et d'ôter la Couronne, et qu'on lui vit exercer cette autorité sur le second des Rois de la seconde race? Où étoit-elle encore cette Constitution, lorsque les Seigneurs, après avoir obtenu l'hérédité de leurs bénéfices, réduisirent graduellement l'Autorité Royale à une vaine représentation? Où étoit-elle sur-tout cette Constituion pendant les trois cents ans du règne féodal? Et en la supposant réintégrée par la convocation des trois Ordres sous Philippe-le-Bel, qu'est-elle devenue, lorsque tant de Rois après lui ne songèrent pas même aux Etats-Généraux, et que plusieurs d'entr'eux cependant mirent de grands impôts sur les Peuples, ou de leur autorité directe, ou par l'entremise des Parlemens? Etoit-ce en abusant du Pouvoir suprême qu'on étoit respectueux envers la Constitution? Ou cette

Constitution n'étoit-elle flexible qu'en faveur du despotisme ; jamais pour un motif différent, jamais dans un autre sens ?

Ne pourrions-nous pas dire encore que l'opinion du Parlement de Paris sur l'immutabilité de la Constitution en trois Ordres, dût paroître incertaine, ou tout au moins accommodante, lorsqu'il remercia le Roi François I.er de sa disposition à créer un quatrième Ordre en faveur de la Magistrature ?

Enfin, *dans le nombre des Princes*, des Courtisans et des Magistrats, dont la voix s'élevoit si fortement contre la réunion des trois Ordres en 1789, n'en eût-on pas reconnu qui naguères, et en 1788, avoient trouvé très-légale l'institution de la Cour Plénière ?

Les Seigneurs, sous Louis-le-Gros, qualifièrent d'altération à la Constitution politique de l'État l'affranchissement des Communes, et ils donnèrent le même nom à la substitution successive des Juges Royaux aux grandes Magistratures féodales et à la destruction des plus grands abus. Que l'on voie encore, en se rapprochant des tems plus modernes, combien de fois on a prononcé le mot de Constitution, ou pour soutenir ou pour combattre les prétentions des Cours Souveraines. Et de fait, quelles variations n'a-t-on pas observé dans leur existence et dans leur autorité ? Les Parlemens attendant de nouvelles provisions au commencement de chaque règne pour continuer leurs fonctions, et se déclarant ensuite inamovibles; disant à Louis XII, encore Duc d'Orléans, que les affaires d'Etat ne les regardoient pas, et statuant ensuite à eux seuls sur les Régences et sur les dernières volontés du Monarque; enfin, ménagés, négligés tour-à-tour, selon les tems, le cours de l'opinion et le caractère du Prince; quelquefois résistant à toutes les injonctions de l'Autorité Royale, et quelquefois soumis à enregistrer les volontés du Monarque avant de se permettre aucune observation, aucune remontrance; quelquefois intimidant, faisant trembler la Cour, et quelquefois venant à genoux, comme sous Richelieu, assister à une radiation de leurs Registres. Ce n'est pas tout encore; de simples Arrêts du Conseil, reçus comme loi en matière d'imposition, et fixant l'étendue de la Taille, sans Etats-Généraux, sans Parlemens et sans aucune solemnité. On ne finiroit pas si l'on entreprenoit d'indiquer toutes les altérations apportées, en divers tems, aux formes les plus essentielles du Gouvernement François. Il n'y a eu de stable que la Royauté et la succession dans la ligne masculine; mais toutes les grandes Autorités médiatrices ou latérales, soit qu'elles aient appartenu aux Pairs, aux Seigneurs de Fief, à l'Eglise, au Pape, à la Cour Royale, aux Etats-Généraux et aux Parlemens, toutes ces Autorités ont éprouvé des changemens; toutes ont eu leur progrès, leur déclinaison; et ces révolutions ont influé, d'une manière plus ou moins directe, sur la puissance ou le crédit de l'Autorité suprême.

Ainsi ce n'étoit pas la constance invariable des usages qui devoit empêcher de se prêter, en 1789, à des modifications exigées au nom du bien public, au nom de la paix intérieure, au nom des plus grands intérêts.

Et je l'avouerai, quand je rappelle à mon souvenir les choses passées, quand je réfléchis à la séance du 23 Juin, aux débats qui l'ont précédée, aux foibles argumens que j'avois à combattre; je crains de n'avoir pas su présenter au Roi toutes les considérations propres à faire impression sur son esprit, & c'est à moi-même alors que je m'en prends de l'inutilité de mes efforts. Je trouve bien un accord parfait entre les réflexions qui me servoient alors de guides et mes pensées actuelles; mais, en même tems, je suis persuadé que dans les recherches et les méditations politiques, on apprend tous les jours; car c'est apprendre encore que de découvrir de nouvelles raisons à l'appui de ses premiers apperçus.

La précipitation avec laquelle les Etats-Généraux furent promis et l'impatience avec laquelle on pressa l'exécution de cet engagement, ont entraîné de fâcheuses conséquences. Les Députés de la Nation se sont réunis avant que personne ait eu le tems de réfléchir à cet événement politique; avant que personne ait eu le tems de se préparer à une si grande circonstance. On trouvera, dans cette réflexion, une première explication des fautes du Monarque, de la Cour, du Gouvernement, du Clergé, de la Noblesse et du Tiers-Etat. Les uns n'avoient pas eu le tems de faire quelques pas en-dehors de leurs vieux préjugés, et les autres n'avoient pas eu le tems de se défier de ces aîles légères, avec lesquelles ils croyoient pouvoir s'élever dans les airs et y planer en maîtres, au-dessus de toutes les difficultés politiques.

Ce fut encore avec une précipitation sans égale que les nouveaux Rédacteurs de la Déclaration du Roi, du 23 Juin, adaptèrent mon projet à leurs vues; et ils le firent avec tant de hâte, que rien n'étoit ensemble.

Il étoit même incompréhensible qu'on persistât dans la résolution de tenir une Séance Royale, en supprimant la disposition qui seule pouvoit donner à cet acte solemnel d'autorité un caractère de convenance;

qui seule pouvoit servir de sauve-garde au langage que le Roi devoit tenir pour reprendre son rang avec dignité. Ce langage n'avoit rien de trop fier, quand il paroissoit inspiré par le desir de vaincre la résistance des deux premiers Ordres ; mais il devenoit imprudent, il étoit hors de mesure, quand il devoit soutenir un systême absolument contraire au vœu national ; et l'on mettoit ainsi tout ensemble la forme et le fonds contre soi.

J'AI toujours considéré comme un coup du sort, comme une fatalité sans pareille, qu'après l'approbation pleine et entière de mes idées, et au moment de leur exécution, un projet mûrement réfléchi eût été si rapidement déjoué, et qu'il l'eût été par des personnes dont je respecte les intentions, le rang et l'attachement au Monarque et à ses droits, mais qui n'avoient pas eu le loisir d'approfondir de si grandes questions, et qui ne rassembloient pas dans leur esprit toutes les circonstances d'une position infiniment compliquée.

Ils servirent aussi sans y penser plusieurs passions ; car les hommes placés derrière eux appercevoient distinctement que leur triomphe m'obligeroit à quitter le Ministère. Ils voyoient, que, perdant d'une manière éclatante la réputation de mon crédit auprès du Roi, et forcé de m'attacher à des mesures absolument en contraste avec mes idées ; je ne pouvois rester dans le Conseil, ni avec honneur, ni avec bienséance, ni avec utilité pour la chose publique. Ils s'en réjouissoient à l'avance. Hélas ! avoient-ils raison ? Les Princes, le Clergé, la Noblesse, n'ont jamais voulu reconnoître une vérité dont j'étois intimement persuadé ; c'est que, dans la situation où étoient les affaires et avec la disposition des esprits, leur cause ne pouvoit être bien défendue que par des hommes circonspects ; et ils ont toujours considéré comme leurs meilleurs amis, les personnes qui agissoient pour eux sans ménagement, et qui rejetoient avec hauteur tous les moyens de conciliation. Quels amis ! ils ont passé, dans leurs mauvais services, les ennemis les plus dangereux.

Déterminé à quitter le Ministère, je ne voulois pas cependant remettre au Roi ma démission formelle avant la séance qui devoit se tenir le lendemain : le délai n'étoit pas long ; & sans attacher à moi et à mes actions une importance indiscrète, je crus ce ménagement convenable. Je n'assistai pas néanmoins à cette Assemblée solemnelle. Je ne le devois pas ; car si je l'eusse fait, le Public auroit considéré ma démission comme une résolution décidée par le non-succès d'une mesure que j'avois conseillée. C'étoit trop aussi, je l'avoue, de la part de ceux qui l'avoient emporté sur moi, de m'obliger à quitter le Ministère, et de me forcer encore à me perdre moi-même dans l'opinion, en adhérant ostensiblement à une démarche absolument contraire à mes vues et à mes conseils.

Il leur restoit à dire que mon absence de l'Assemblée avoit contrarié le succès de leur ouvrage ; mais aucun effort n'eût pu soutenir une entreprise aussi mal-conçue. Cette vérité me parut évidente avant la Séance Royale ; elle le fut pour tout le monde lorsqu'on eut connoissance de la Déclaration du Monarque ; et M. de Montmorin, après cette malheureuse démarche, eut raison de dire au Roi, que non-seulement mon absence de l'Assemblée n'avoit eu aucune influence sur le mouvement inévitable des esprits, mais qu'il devoit à cette circonstance la faculté de reprendre encore par moi l'opinion, et de réparer, dans un certain degré, les effets du mauvais conseil qu'il avoit suivi. Le Roi le sentit ; il ne me témoigna point de mécontentement ; mais, de concert avec la Reine, il me demanda de renoncer à la résolution que j'avois prise de quitter le Ministère ; et il le fit d'une manière si pressante, que je me rendis à ses volontés.

L'agitation violente qui régnoit à Versailles ne permettoit pas même d'hésiter. On avoit entouré ma maison. La foule commençoit à se porter au château, et le tumulte prenoit un caractère qui m'imposoit le devoir d'appaiser à l'instant ce mouvement populaire, en annonçant publiquement que je resterois à mon poste.

Mes ennemis à Versailles ne manquèrent pas de dire, que j'avois excité sourdement les marques éclatantes d'intérêt en ma faveur, dont la Cour étoit offensée; et j'ai vu cette calomnie perpétuée, avec tant d'autres, dans les infames libelles que des méchans et leurs vils copistes n'ont cessé de *répandre et publient encore tous les* jours. Que puis-je contre des insinuations qu'on n'essaie pas seulement de rendre plausibles par aucun indice ? Je me borne à protester en mon honneur, à protester par serment, que jamais, ni dans cette occasion ni dans aucune autre, je n'ai cherché à mettre le Public en action; et je défierois de citer un mot de moi, même le plus intime et le plus confidentiel, auquel une telle intention pût être rapportée. Les hommes dont je suis connu seront volontiers mes garans; ils savent l'aversion que j'ai toujours eue pour toute espèce d'intrigue, pour toute espèce de manœuvre secrète ou dissimulée; et souvent on m'a fait un reproche de ce genre de caractère, que l'on disoit nuisible au succès des affaires.

Le mouvement de Versailles, loin de me servir, m'empêcha d'obtenir le renvoi des Ministres qui m'avoient déjoué si cruellement pendant le cours des discussions relatives à la Séance Royale. Ce fut dans un moment où je pouvois tout exiger du Roi, que je me trouvai sans force pour rien demander. Un mouvement de générosité, que l'on blâmera peut-être, mais que l'on entendra cependant, me dicta cette conduite. Je ne tardai pas à m'en repentir; et j'appris alors de nouveau, qu'il est tel sentiment de vertu dans un particulier, dont l'application à l'homme d'Etat, à l'homme public, devient une faute, et une grande faute.

SECTION V.

Réunion des Ordres.

LES inquiétudes qui se manifestèrent à Versailles, dans la soirée du 23 Juin, et qui parurent se concentrer un moment sur ma personne, servirent le Gouvernement, en faisant diversion au mécontentement qu'avoit inspiré la Séance Royale. Le Peuple quitte toujours facilement les choses pour les hommes; et cette disposition de sa part, souvent si funeste ou si dangereuse, eut un heureux effet dans cette occasion.

Ma résolution de rester dans le Ministère une fois connue, le calme revint, et l'on considéra la Séance Royale comme une affaire d'intrigue dont il ne resteroit bientôt aucune trace. C'étoit, au milieu de l'effervescence générale, ce qui pouvoit arriver de plus heureux; et cependant je profitai des marques d'intérêt que le Tiers-Etat m'avoit données, pour le porter à des mesures de sagesse et à un esprit de modération. Toute la France étoit chez moi le jour où je déclarai aux Députés de cet Ordre, que mon nouvel engagement ne seroit pas long s'ils continuoient à se séparer du Gouvernement, et s'ils refusoient de chercher avec lui les moyens de conciliation qui pouvoient assurer la paix intérieure et donner aux Etats-Généraux une marche régulière. Ils me firent alors les plus grandes promesses ; et peut-être les auroient-ils tenues, si la Cour, cédant encore à de mauvais conseils, n'avoit pas adopté des mesures qui devoient nécessairement entretenir les soupçons et semer la défiance.

Le Roi cependant, en me pressant avec tant d'instance de rester près de lui, m'avoit persuadé, qu'averti par la journée du 23 Juin de la force agressive et résistante de l'opinion publique, il vouloit de moi pour l'aider à regagner une si bonne alliée et un si dangereuse ennemie. Et, en effet, je ne pouvois l'assister dans aucune mesure violente ; mon caractère et ma position n'y étoient nullement propres. J'étois allé bien loin, en m'engageant de soutenir vigoureusement le plan que j'avois formé pour la Séance Royale ; et ma décision à cet égard venoit de la persuasion où j'étois que ce plan auroit pour lui la grande majorité de la Nation. Mais, pour déclarer la guerre à cette majorité et pour narguer l'opinion publique, il falloit jeter les yeux sur un autre que moi. Je crois donc encore que, dans la soirée du 23 Juin, et au moment où le Roi voulut absolument me garder, ses vues étoient conformes aux miennes;

et toujours j'ai vu ses premiers mouvemens décidés par la raison ou par la bonté : mais quand on l'entouroit, quand on l'obsédoit, il cédoit trop facilement, et sembloit ignorer, à lui seul, la valeur de son opinion et le mérite de son instinct.

Ce caractère, qui peut se concilier avec les plus excellentes qualités du cœur et de l'esprit, a été préjudiciable aux affaires publiques et d'un grand dommage au Roi lui-même, car il l'a entraîné tantôt dans une route et tantôt dans une autre, et l'a empêché de montrer à sa Nation un sentiment de volonté et de volonté persévérante, le seul propre à en imposer, le seul propre à fixer les opinions et à diriger les esprits dans un même sens.

Après la séance du 23 Juin, la clameur publique et le mouvement des Communes rendirent chaque jour plus nécessaire la réunion des trois Ordres. Quarante-sept Membres de la Noblesse, et un plus grand nombre de Députes Ecclésiastiques, avoient déjà pris séance à la Chambre du Tiers-Etat et s'étoient associés à ses délibérations. Ils avoient été couverts d'applaudissemens; et dans le même tems on commençoit à insulter les Députés des deux premiers Ordres qui s'étoient le plus fortement prononcés contre toute espèce de réunion. Il n'y avoit plus un moment à perdre pour arrêter de grands excès ; il n'y avoit plus un moment à perdre pour ménager au Prince une part d'autorité, dans une disposition politique que la nécessité commandoit, et pour sauver en apparence le relief et la considération du Trône.

Il étoit encore évident que la plupart des Députés des deux premiers Ordres, instruits parfaitement de l'impuissance où étoit le Roi de combattre par la force un vœu général, désiroient en secret un ordre de sa part, un ordre qui leur permît de céder honorablement à l'empire des circonstances, qui leur permît du moins de renoncer, sans aucune honte, sans aucune apparence de foiblesse, à l'espèce d'engagement qu'une longue obstination leur avoit fait prendre.

Cependant les mêmes personnes qui, sans aucune prévoyance, avoient toujours empêché le Roi de faire à tems un acte de prudence et de politique, les mêmes qui l'engagèrent inconsidérément dans une démarche hardie dont il ne put pas sortir ; ces mêmes personnes, après la séance du 23 Juin, vouloient encore détourner le Roi de décider, par sa volonté, la réunion des trois Ordres. Il s'y détermina cependant le 27 ; et aussi-tôt que les Députés du Clergé et de la Noblesse reçurent de sa part un mot d'invitation, ils obéirent diligemment et sans aucune représentation. Mais ensuite ils se plaignirent de la décision du Roi; ils le pouvoient sans inconvénient, car on les avoit mis au port. J'appelle de leurs paroles à leur sentiment intérieur; ils étoient alors trop instruits de l'accroissement journalier du mouvement populaire, pour n'avoir pas ressenti secrètement leur obligation aux Ministres prudens et fidèles qui avoient hâté, par leurs instances, la détermination du Roi.

Les trois Ordres se réunirent aussi-tôt que les Députés du Clergé et les Députés de la Noblesse eurent reçu l'ordre ou l'invitation du Roi. Jamais il n'y eut de joie plus générale et plus éclatante. Cet événement fut célébré pas trois jours consécutifs de fête et d'illumination; et comme un voile léger étoit encore resté sur les motifs impérieux qui avoient fixé l'incertitude du Monarque, on lui porta de toutes parts des tributs de reconnoissance, et je le vis heureux de ces hommages.

Combien je regrettois alors qu'il eût perdu le moment de soumettre cette réunion des Ordres aux conditions tutélaires, dont j'ai donné le développement en exposant mon projet pour la Séance Royale. Il n'étoit plus tems, et c'étoit beaucoup que l'on tînt compte encore au Roi de sa résolution tardive.

Combien ne regrettai-je pas aussi que les

deux premiers Ordres ne se fussent pas déterminés, dès le commencement des Etats-Généraux, à une démarche dont ils auroient alors réglé les conditions, et qui leur eût valu tant de suffrages et peut-être tant d'autorité; mais leur inflexibilité, leur aveugle confiance, les avoient détournés constamment de prêter l'oreille aux avertissemens les plus sages. Ils demandoient au Roi de défendre, à tout risque, leurs droits ou leurs prétentions; et ils ne voyoient pas, qu'appelés eux-mêmes à soutenir cette autorité chancelante, ils devoient éviter soigneusement d'élever contr'eux la clameur nationale, et de ranimer ainsi le souvenir de tous les abus auxquels ils avoient eu tant de part. Ils regardoient toujours le tems passé, et ne fixoient pas assez leur attention sur les grands changemens qu'une suite d'événemens avoient introduits.

Les Corps politiques participent aux fautes des individus, et la plus commune est l'imprévoyance. La Révolution de Danemarck, en 1660, diffère absolument, et dans son but, et dans sa marche, de la Révolution Françoise; mais plusieurs phrases du judicieux Ecrivain qui en a consacré la mémoire, sont remarquables par leur application précise à la conduite des Députés de la Noblesse de France, au commencement des Etats-Généraux.

« Peut-être (c'est l'Historien qui parle) » peut-être que la Noblesse, en sacrifiant » dans ce moment une partie de ses privi- » lèges, se seroit assurée pour toujours la » jouissance du reste ...

» Ce qu'il y a de plus étonnant, c'est » qu'en réclamant ses anciens droits, la No- » blesse oublia combien les circonstances » étoient changées...

» Loin que l'indignation de la Noblesse » en imposât aux Communes, elles prirent » de jour en jour plus de confiance.....

» Ici la Noblesse ne se dissimula pas » sans-doute qu'il n'y eût de la fermenta- » tion dans les esprits du Peuple; mais elle » pensa que cette fois encore elle s'exha- » leroit en vaines clameurs.....

» Ils ne virent le mal que lorsqu'il étoit » inévitable, etc... (1).

Toutes ces paroles, prises mot à mot dans l'Histoire d'une époque peu éloignée de nous, semblent appartenir au tems que je décris.

L'indifférence à l'esprit public risquera toujours de compromettre les Corps politiques en possession de faveurs particulières. On le dédaigne cet esprit, on le prend pour un accident, et il est le résultat d'une

---

(1) Histoire de Danemark, voir la troisième édition publiée en 1787.

longue suite d'impressions : on peut le combattre, et plus sûrement encore le modifier, lorsqu'il se forme, lorsqu'il commence à se signaler; mais quand il a pris tout son accroissement, lorsqu'il est au plus haut degré de sa force, on doit nécessairement entrer en composition avec lui, et souvent une légère déférence suffit encore pour le calmer. L'Autorité première elle-même aura toujours besoin de circonspection : on l'a vue triompher des plus grands obstacles, on l'a vue sortir victorieuse de ses différentes luttes; mais elle n'avoit pas alors l'opinion Nationale contr'elle. Ce genre d'opinion ne pouvoit pas même exister dans les tems d'ignorance, et bien moins encore sous le règne discordant de la Féodalité. C'est une Puissance de nos jours ; aussi l'a-t-on traitée comme une inconnue. Et l'on doit expliquer ainsi l'imprudence de la Noblesse et cette grande faute de la Cour dont je dois parler dans la Section suivante.

FIN DU TOME PREMIER.

TABLE DES SECTIONS

Contenues dans le Tome premier.

SECT. I. *AVANT-COUREURS & préparatifs des Etats-Généraux.* Pag. 1.

Ministère de M. l'Archevêque de Toulouse. 18.

Second Ministère de M Necker. 30.

Assemblée des Notables. 57.

Résultat du Conseil du 27 Décembre 1788. 61.

Doublement du Tiers. 65.

Choix de Versailles pour la tenue des Etats. 95.

SECT. II. *Assemblée des Etats. Réflexions générales.* 104.

SECT. III. *Etats-Généraux jusques à la Séance Royale du 23 Juin 1789.* 134.

SECT. IV. *Séance Royale du 23 Juin 1789.* 168.

SECT. V. *Réunion des Ordres.* 207.

Fin de la Table.

www.ingramcontent.com/pod-product-compliance
Ingram Content Group UK Ltd.
Pitfield, Milton Keynes, MK11 3LW, UK
UKHW012027240726
13965UKWH00002B/627

9 782013 456821